통전
오기영
전집

자유조국을 위하여

『자유조국을 위하여』(1946년) 초판본 표지와 표제지

표제지에 국립도서관에 기증한 저자의 사인이 있다.

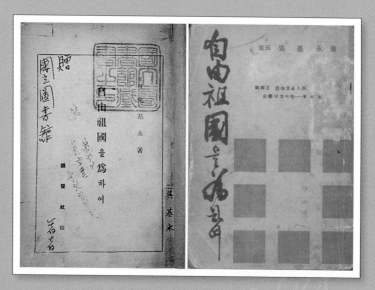

〈원본 국립중앙도서관 소장〉

『새한민보』 창간호 표지, 차례와 기고문

표지 상단 중앙에 '1947년 6월 15일(월 3회 발행)' 표시가 색다르다.

하단 차례(좌)와 동전생 '새한시평(時評)' 기고문 〈공위(共委)와 공존〉(우).

〈원본 국립중앙도서관 소장〉

『새한민보』 1권 2호(1947년 6월 하순)
표지, 차례와 기고문

창간호 표지와 다르게 상단의 '신문적 잡지 · 잡지적 신문' 표어가 이채롭다.
상단 우측 차례와 하단 동전생의 〈테로의 근멸(根滅)〉〈기술교육을〉 기고문.

〈원본 국회도서관 소장〉

『새한민보』 2권 5호(1948년 3월 상순) 기고문

오기영 기고문 〈3·1정신의 재인식〉과 소오생(小梧生)의 『민족의 비원』 소개 기사.

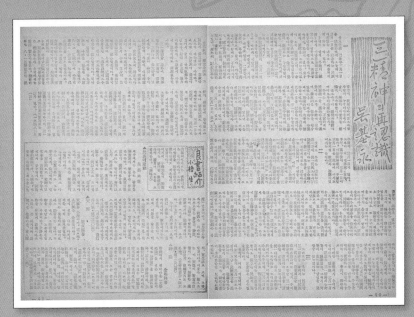

〈원본 국회도서관 소장〉

〈원본 국회도서관 소장〉

『신천지』 3권 3호(1948년 3월) 기고문

오기영, 〈새자유주의의 이념 - 독재와 착취 없는 건국을 위하여〉

〈원본 국회도서관 소장〉

『주간서울』1권 2호(1947년 9월)에 게재된
웨더마이어와 맥아더 사진 기사

하단에 '망언 폭설의 흉악 일본' 제하의 동전 기고문이 보인다.

자유조국을 위하여

동전
오기영
전집

자유조국을 위하여

3

오기영 지음

도서출판 모시는사람들

피눈물로 쓴 중정(中正)의 기록

김태우_ 한국외국어대학교 한국학과 교수

『자유조국을 위하여』(성각사, 1948)는 1947년 5월부터 1948년 6월까지 동전(東田) 오기영(吳基永)이 집필한 28편의 정치·사회평론을 모아 놓은 평론집이다. 이 시기는 미소공동위원회의 재개와 좌절, 유엔 감독 하의 남북한 총선거 결정, 유엔한국임시위원단의 내한, 남북협상, 5·10선거 등의 역사적 사건들이 숨가쁘게 진행된 시기였다. 다시 말해 남북분단이라는 민족적 위기상황이 현실적으로 공식화되어 가는 가운데, 이에 대한 지지와 저항이 전사회적 쟁점으로 불거진 시기라고 볼 수 있을 것이다. 오기영은 이러한 남북분단의 위기를 "자멸의 참화가 목전에" 닥친 상황으로 평가하면서, 매우 커다란 슬픔과 공포로 당대 사회를 조망했다.

오기영의 개인적 성장배경은 그의 비극적 당대 사회 인식에 직접적으로 영향을 주었을 것이다. 오기영은 1909년 황해도 배천 출신의 인물로서, 부친 오세형(吳世炯), 형 오기만(吳基萬), 동생 오기옥(吳基鈺)을 포함한 가족 6명이 일제하 민족운동으로 옥고(獄苦)를 치렀고, 그중 2명이 목숨을 잃었던 매우 민족주의적인 분위기의 집안에서 성장했다. 오기영 자신도 11살의 어린 나이에 3·1운동 과정에서 체포되어 모진 고문을 당했고, 일제시기

네 번이나 철창(鐵窓) 신세를 졌다. 또한 오기영은 《동아일보》(1928~1937)와 《조선일보》(1938~1941)의 기자로 일하면서, 일제하 조선의 현실을 생생하게 보여주는 다수의 글들을 지속적으로 생산해 내기도 했다. 이 같은 민족주의적 집안 배경과 언론인으로서의 경력으로 인해, 오기영은 해방 이후 경성전기주식회사(1945~1948)의 관리직으로 일하는 와중에도 지식인으로서의 책임감을 잊지 않고 정력적으로 정치·사회평론 활동을 전개해 나갔던 것이다.

오기영은 1947~1948년의 민족적 위기상황을 중정(中正)의 길로 극복해야만 한다고 주장했다. 『민족의 비원』에서도 강조된 중도주의적이고 민족주의적인 관점의 중요성을 반복적으로 역설했다. 『자유조국을 위하여』는 『민족의 비원』과 마찬가지로, 중도적 성격을 지녔던 당대의 여러 신문과 잡지들에 실렸던 오기영의 평론들을 모아 놓은 책이다. 『자유조국을 위하여』에 수록된 평론들의 원출처와 편수는 『새한민보』 5편, 『신천지』 4편, 『민성』 2편, 《서울신문》 2편, 《신민일보》 2편, 《한성일보》 2편, 《만세보》 2편, 《자유신문》 1편, 《평화일보》 1편, 《중앙신문》 1편, 출처불명 6편 등으로 구성되었다.

『자유조국을 위하여』는 『민족의 비원』에 비해 출처불명의 글들이 확연히 늘었다. 그리고 『민족의 비원』에는 등장하지 않았던 『새한민보』 수록 평론들이 5편이나 된다. 출처불명의 원고들은 특정 매체에 수록되지 않은 편지글, 혹은 집필 후 바로 출간하지 않고 개인적으로 소장하고만 있었던 글들이 주를 이룬다. 이 미출간 원고들은 대체로 단독선거, 남북협상, 일본 재무장 등과 같은 당대의 민감한 정치적 문제들을 다루었다. 5편의 원고가 수록된 『새한민보』는 1947년 6월 설의식(薛義植)에 의해 창간된 중도적 성향의 순보(旬報)였다. 설의식은 1922년《동아일보》에 입사하여 1936년 일장기 말소사건으로 편집국장 직에서 물러난 이후, 1945년《동아일보》에 재입사하여 주필과 부사장을 역임하고, 1947년 『새한민보』를 창간했다. 설의식은 오랫동안《동아일보》기자로 일했던 오기영의 평론을 깊이 신뢰했다. 그는 오기영의 『민족의 비원』을 "해방 후의 별"이라고 극찬하기도 했다. 이에 설의식은 『새한민보』의 창간호부터 제3호에 이르기까지 자신의 권두언 바로 다음에 '새한시평'이라는 이름으로 오기영의 「'공위'와 '공존'」, 「테러의 근멸」, 「답신을 검토함」과 같은 평론들을 연속으로 게재하도록 했다. 오기영에 대한 설의식의 공고한 신뢰를 읽을 수 있다.

『자유조국을 위하여』에 수록된 글들은 1947~1948년 민족분단의 현실화를 목전에 두고, 냉전 양대 세력의 조화와 중정(中正)을 통한 자주독립의 중요성을 강조한다. 저서명의 '자유'와 책의 첫 번째 글(「새 자유주의의 이념」) 제목 중의 '자유'는 그 내용상 좌우의 모순과 한계를 동시에 극복한 '중정'의 다른 이름으로 볼 수 있다. 오기영 나름의 이해에 근거한 '자유' 관념과 '중정'의 노선은 이 책에 등장하는 거의 모든 글들을 관통하는 저자의 기본적 문제의식이라고 볼 수 있다. 때문에 이에 대해 좀 더 구체적으로 살펴볼 필요가 있다.

오기영은 당대 조선에 절박한 사상으로서 '새 자유주의' 개념을 설명하기 위해 역사적 해석을 시도한다. 요컨대 근대 형성기의 자유주의는 경제적 자본주의와 정치적 민주주의의 발전을 이루었지만, 독점자본의 형성을 통해 해방의 동맹인 무산계급에게 제 몸의 사슬을 뒤집어 씌웠다고 설명한다. 이에 공산주의에 의한 노동자·농민들의 계급적 각성 현상이 발생했고, 이들의 '자유'를 위한 투쟁력이 제정 러시아와 제국주의 파시즘을 파멸시켰다고 해석한다. 근대 자본주의의 등장으로부터 제2차 세계대전에 이르기까지의 세계사를 '자유'라는 개념을 중심으로 재해석해 낸 것이다.

오기영은 위와 같은 '자유'에 대한 역사적 해석과 함께, 자본주의는 '금력'으로 자유를 매점했고, 공산주의는 '권력'으로 자유를 강탈했다고 주장한다. 요컨대 자본주의는 '경제 독재', 공산주의는 '정치 독재'이며, "쌍방이 다 민주적인 일면이 있는 동시에 비민주적 독재"의 요소가 존재한다고 비판한다. 그리고 이러한 비판의 연장선상에서, "우리가 두 개의 사상의 수정을 본다 하면 우리는 착취 없고 독재 없는 새 나라를 세울 수 있다. 부의 편재로 인한 빈궁을 절멸하고 평화와 자유를 확보하는 새 나라를 세울 수 있다"고 역설한다. "공식에 도취한 사람들"은 이 같은 자신의 이념을 비웃을 것이지만, "이 두 개의 사상과 제도의 조화에서만 통일할 수 있고 독립"할 수 있다고 호소한다.

이 같은 주장은 실제 당대 일부 유럽 국가들에 의해 현실적으로 수용되고 있던 사회민주주의에 가까운 사상과 제도의 도입을 의미하는 것으로 볼 수 있을 것이다. 오기영은 이 같은 조화와 융합을 통해서만 조국의 통일독립과 평화가 가능하다고 본 것이다. 소위 '중정의 길'만이 조선인민의 생존과 번영의 길이라고 강조하고 있는 것이다. 이 같은 문제의식은 「민족 위기의 배경」, 「독립 번영의 기초」, 「재개 공위 전망」, 「UN과 조선독립」 등의 거의 대부분의 주요 평론들을 관통한다.

『민족의 비원』과 비교할 때, 『자유조국을 위하여』가 상대적으로 보다 중요하게 강조하는 것은 '평화'이다. 물론 『민족의 비원』에도 평화의 문제의식이 없지 않지만, 『자유조국을 위하여』에서는 조선의 통일독립의 필요성과 관련하여 '평화'가 가장 중요한 이유 중 하나로 제시되고 있다. 이 같은 현상은 『자유조국을 위하여』에 수록된 글들이 모두 1947년 5월 이후에 집필된 상황과 일정하게 관련된 것으로 볼 수 있다. 이 시기는 미국의 트루먼 독트린(Truman Doctrine, 1947. 3.)과 마셜플랜(1947. 6.), 소련의 양대진영론(Two Camps Theory, 1947. 9.) 등에 의해 미국과 소련을 중심으로 한 전세계적 냉전 갈등이 본격화된 시기였다. 세계는 아직 제2차 세계대전의 전후처리가 종결되지 않은 상황 속에서 제3차 세계대전의 가능성에 대해 전망하지 않을 수 없었다. 특히 이 시기 동아시아의 중국 대륙과 인도차이나 반도에서는 실제 전쟁이 진행되고 있었다. 때문에 상호 적대적인 미국과 소련에 의해 분할점령된 한반도 또한 언제든지 전쟁의 불길에 휩싸일 수 있는 상황이었다.

이에 오기영은 제2차 미소공동위원회 개최 시기에는 그 이전과는 달리 주로 '미국과 소련'을 향해 세계 '평화' 문제에서 한반도 상황의 의의를 해설·설득하는 데 상당 부분 집중했다. 오기영은 「공위에 여(與)함」을 통해, 미소공위의 성과가 "세계사적 의의를 갖는 것"이라고 강조했다. 그 이유는 "공위가 성공하여야만 미소는 협조할 수 있고, 미소가 협조하여야만 전쟁을 회피할 수 있고, 전쟁을 회피하여야만 세계는 평화세계를 재건"할 수 있기 때문이었다. 그는 글의 제목에서 평화적 문제의식을 보다 직접적으로 밝힌 「공위와 공존」을 통해, "전화(戰禍) 방지와 양 주의 공조의 평화세계가 실현되기 위하여는 어디보다 먼저 조선이 통일국가로 자립하여야 하며, 무엇보다 먼저 양군(兩軍) 대치 하의 국토분단이 해소되어야 한다."고 역설했다. 미소공위는 "새 세계 새 역사를 평화롭게 꾸미느냐 못 꾸미느냐의 중대 관건"이 될 것이었다.

오기영은 「UN과 조선독립」을 통해 조선의 독립이 "세계평화의 기본문제"라고 강조했다. 「단선의 실질」을 통해서는 남한 단독정부의 수립이 "미소전쟁의 전초전을 담당케 할 위험"이 있으며, "총화(銃火)를 나누는 골육상잔으로써 민족자멸의 참화"를 유발할 수 있다고 주장했다. 「남북협상의 의의」에서는 마치 전쟁 전야에 이른 것처럼 다음과 같은 질문을 던지기도 했다. "우리는 무엇 때문에 전쟁을 하여야 하나? 더구나 동족전쟁을 하여야 하나?"

이렇듯 오기영의 관점에서 볼 때, 남북한 두 개의 정부 수립은 곧 전쟁을 의미하는 것이었다. 민족해방의 희열은 불과 3년 만에 민족자멸의 위기로 급전하고 있었다. 미·소의 냉전 대립과 동아시아의 열전 상황을 주시하면서 지식인 오기영의 마음은 조급하고 절박해질 수밖에 없었다. 『자유조국을 위하여』의 서문을 통해, "나로서는 피눈물로 쓴 것"이라는 표현은 결코 과장이 아니었던 것이다. 그리고 그의 선견지명처럼, 남북한 간에는 1949년부터 지속적으로 38선에서의 군사충돌이 발생하기 시작했고, 1950년 6월에는 세계 냉전사적으로도 중요한 의의를 지니는 한국전쟁이 발발했다. 한국전쟁은 남북한 지역에서 수백만 명의 희생자를 낳았고, 냉전적 갈등을 전세계적으로 확산·공고화시켰다. 한국 문제의 평화적 해결이 세계 평화의 기초가 될 것이라는 오기영의 주장은 결코 과장된 것이 아니었던 것이다.

자서(自序)

나의 첫번 평론집 『민족의 비원』을 간행한 지 여섯 달이 지났고 거기 집록(集錄)한 각 편(篇)을 집필하고서 1년이 지났다.

그 후에 집필한 발표·미발표의 각 편을 모아서 이 책을 두 번째의 평론집으로 간행에 붙이거니와 이로써 1947년 5월에서 1948년 6월 초까지의 일년 남아에 우리 민족이 체험한 여러 개의 중요한 문제를 여기에 비판하는 바이다.

돌아보건대 이 1년 중에 우리 민족의 두상(頭上)에는 실로 심상(尋常)치 아니한 명암과 희비가 교차(交叉)하였다. 희망인 듯 실망에 빠지고 실망 끝에 다시 희망의 줄을 잡기도 하였다.

미소공위(美蘇共委) 재개가 그러하고 그 실패가 그러하며 UN총회도 그러하고 위원단의 내조(來朝)도 그러한 것이다. 그 후에 전개된 소위 가능지역의 선거라는 것과 남북협상도 실패와 희망의 교차임에 틀림없는 것이다.

민족 운명에 지대한 영향을 끼치는 이 여러 문제가 하나하나 전개될 때마다 그로 인한 희망과 실망이 전 민족의 통일된 의사로써 나타날지라도 약소민족의 비애를 면하지 못하려던 한쪽의 희망에 한쪽이 실망하고 한쪽의 찬사를 한쪽이 냉소하고 있다. 이른바 중간노선이라는 것은 비난될 수도 있을지 모르나 그러나 중정(中正)의 길은 반드시 있을 것이어늘 이러한 사태하에서는 중정의 길을 찾으려는 노력이 도리어 비난되고 그래서 한가지 뚜렷한 사실은 통일에의 실망인 것이다.

이러한 비극의 원인은 무엇인가? 밖으로 미소의 총성 없는 냉정 전쟁(冷靜戰爭)이 있고 안으로 민족 자체의 취약과 분열이 있다.

지금 두 개의 세계는 날을 따라 가열(苛烈)한 냉정 전쟁에 돌진하고 있어 모든 약소국가의 운명이 번롱(飜弄)되는 중에 더구나 조선은 두 쪽에 갈려서 서로 외세를 믿고 골육을 적대하니 자멸의 참화가 목전에 닥쳤음을 두렵다 아니할 수 없는 바이다.

여기 민족의 중대한 결함이 있다. 사대 사상이 그것이요 파쟁벽(派爭僻)이 그것이다. 한마디로 요약하여 우리는 아직 독립국가의 자주민으로서의 자주 인격을 완성하지 못한 채 있다. 자아 혁신의 독립 원리를 밝히고 실천하다가 그 이념에 순(殉)한 선열이 도산(島山) 안창호(安昌浩) 선생이거니와 이 책의 중요한 일부분을 그 주지(主旨)의 선명(宣明)에 두었음은 이야말로 구국의 정로(正路)라고 믿는 때문이다.

조국은 인민 전체의, 자유로운 인민 전체의 것이라고 나는 믿는다. 어느 일 계급이나 일 세력이나 더구나 어느 일당(一黨)의 것일 수는 없다고 나는 믿는다. 모든 인민의 자유가 보장되는 그날에야 비로소 우리에게 번영이 있을 것을 나는 믿는다.

자유, 이 조국의 자유를 위하여 우리는 얼마나 많은 피를 흘렸으며 투옥되었던가. 그런데 우리에게는 아직 자유가 없다.

미국의 자유도, 소련의 자유도 모두가 조선의 자유는 아니다. 하물며 독재와 착취가 있고서는 외형이야 어떻거나 실질에 있어서 진실된 자유의 세계는 아닌 것이다. 외세와 공식(公式)을 믿는 사람들이 무엇이라 비웃을지라도 나는 저 미국보다, 소련보다 더 좋은 자유의 조국을 단념하지 못한다. 밖으로 양강(兩强)의 간섭을 물리치고 안으로 민족적 입장에 귀일(歸一)할 때에 우리에게는 독재와 착취 없는 새 나라의 건설이 가능하다고 나는 믿는다.

이상에서 나는 현재 우리 민족은 어떻게 불행하며 이것을 어떻게 극복할 것이며 그리하여 새 나라는 어떻게 세워야 할 것인가에 대하여 문제를 제시하였다.

이 책에 집록(集錄)하는 각 편이 그 취재의 각도와 논평의 범위는 저절로 다르지마는 결국 이 주축(主軸)을 벗어남이 없을 것을 믿거니와 이것을 읽어 주시는 독자에게 나는 구태여 내 뜻과 같은 뜻을 가져 달라고는 요구하는 바가 아니다. 다만 나로서는 피눈물로 쓴 것이라, 읽으시는 이들이 이로써 조국애에 바칠 피의 한 방울이라도 행여 정화되는 수가 있다 하면 고가의 외국산 종이를 소비한 나의 허물은 사(赦)함을 바랄 수 있을 것이다.

교정이 거의 끝날 무렵인데, 일본 재무장(再武裝) 문제가 우리의 어지러운 운명을 더욱 어지럽게 하는 커다란 흑점(黑點)으로서 구체화하였다.

나는 이 문제에 대한 논평 일편을 어떻게든지 이 책에 넣어야 할 의무를 느껴서 조판상의 지장을 무시하고 끝으로 「일본의 재무장」을 넣었다.

이것이 어찌, 나의 가족 중 여섯 명이 일제하 철창 생활을 겪고 그중 두 명의 목숨을 빼앗겼다 해서 나 개인적인 울분에서랴.

1948년 6월 5일

동전생(東田生)

차례 **자유조국을 위하여**

일러두기

- ☐ 이 책은 『오기영 전집』 제3권으로 1948년 성각사(醒覺社)에서 『자유조국을 위하여』를 복간하는 것입니다.
- ○ 세로쓰기를 가로쓰기로 바꾸었고, 당시의 주요 어법과 단어는 그대로 살리는 것을 원칙으로 하면서, 현대식 화법(주로 띄어쓰기 및 맞춤법)에 맞게 편집하였습니다.
  - ― 명백한 오자와 탈자, 문맥상의 오류는 부분적으로 손질하였습니다.
  - ― 『자유조국을 위하여』 원본에 있는 칼럼 뒤의 출전은 모두 본문 제목 바로 아래로 위치 이동하고 원본 도서의 출전 오류는 당시 기고 매체를 확인하고 수정했습니다.
  - ― 한자로 표기되어 있는 단어는 전면적으로 한글로 바꾸되, 뜻이 전달되기 어려운 경우에는 괄호 속에 한자를 병기하였습니다.
- ○ 당시에 쓰이던 인명과 지명, 나라 이름, 외래어 일부는 현대 표기법으로 맞춤법을 변경했습니다. 색인에는 당시 표기법을 병기했습니다.
  - 예시: 분란(芬蘭: 핀란드), 화성돈(華盛頓: 워싱턴), 상항 ⇒ 샌프란시스코(桑港), 룻소 ⇒ 루소, 부르죠아 ⇒ 부르주아, 테로 ⇒ 테러 등
- ○ 당시 발간 도서에서 명백한 오자로 여겨지는 것과 현대 어법에 적절하지 않은 것은 수정했고 변경한 것 등은 아래와 같습니다.
  - 예시: ~에 향하여⇒~을 향하여, 모우(某友) ⇒ 어느 친구; 이러하거던 ⇒ 이러하거늘; 있으려든 ⇒ 있거니와; 하그리 ⇒ 깡그리; 하염즉한 ⇒ 했음직한 등
- ○ 중요한 사건과 인명 등에 간략한 주석을 달았습니다.
  - ― 주석의 출처는 한국민족문화대백과사전, 두산백과, 한국근현대사사전, 한국민속문학사전, 브리태니커 백과사전, 위키피디아 등입니다.

새 자유주의의 이념

독재와 착취 없는 건국을 위하여

— 1948년 3월 15일, 『신천지(新天地)』 제3권 제3호

지금 조선에서는 남의 자본주의와 북의 공산주의가 사생을 걸고 싸우고 있다. 그러나 이 때문에 희생되는 것은 무엇인가? 조선 민족이다. 조선 민족의 자주독립이다. 그러면 정치 이념의 분열이나 한 제도의 고집 때문에 민족이 양분하고 조국을 멸망시키는 것보다는 민족 전원의 공동이익을 생각할 필요가 있다. 그리하여 이제 우리가 세워야 할 새 나라는 어느 일계급의 것이 아니라는 것을 깨달을 필요가 있다. 실로 진실로 새 나라는 어느 일계급의 것일 수는 없는 것이다.

자유는 선(善)이요 억압은 악(惡)이다.

1.

본고를 초(草)하면서 먼저 분명히 밝혀 두는 것은 본고를 초하는 필자나, 본고에 공명하는 자유주의자는 과거 자유주의 이념의 승리에 의하여 봉건적 귀족주의에 대치된 근대적 자본주의를 그대로 옹호하려는 자가 아니라는 그것이다. 동시에 일찍 자본주의를 생성시켰으며 그를 육성한 것이 자유주의라 해서 이 자본주의적 민주주의의 지평선을 넘어서는, 아무것도 없을 것으로 착각하는 부류에 속하는 사상과는 이미 몌별(袂別)한 자이며 아울러 '승리에 의하여 얻은 보수의 불공평한 악결과(惡結果)'를 그대로 정당화하려는 자와는 그 성격이나 지향하는 바가 다르다는 것을 전제하는 바이다.

만약 이러한 대전제하에 인류의 운명과 문화의 위기를 염려할 줄 모르는 자유주의라 하면 이것은 그 발생한 환경을 초월할 수 없다는 것이 되며, 따라서 자본주의와 함께 내두(來頭)의 몰락이 불가피함을 수긍하지 않을 수 없을 것이다.

역사상에는 많은 사회 이론이 발생하였다가 또 몰락된 것을 우리는 알고 있다. 그러나 이 20세기에 자유주의로 하여금 그 처음의 고매한 이상이었던 모든 인민의 자유와 평등을 일부 승리자의 독점에 유린시킨 채 그 독점자와 함께 장래(將來)할 몰락을 그대로 감수시킨다는 것은 인류 문화의 파괴와 진실된 자유의 패배를 의미하는 것이 된다. 이것은 참을 수 없는 일이다.

드디어 자유주의는 그 처음의 고매한 이상을 인류 전체의 복지를 이룩하는 데 두었다는 것을 깨닫기에 이르렀다. 그리고 그 이상(理想)하는 바가 어떠한 용기에 의하여, 어떠한 투쟁을 거쳐서 어떻게 달성되었으며 그것이 어찌하여 일부의 특권계급을 형성하고 그 앞에 일찍 공동 투쟁의 동맹자였던 대다수의 민중을 예속시키고 마는 악결과(惡結果)가 빚어지고 말았다는 것을 과학적으로 구명(究明)하며 역사적으로 반성할 때에 자유주의는 다시금 새로운 용기에 의하여 새로운 투쟁을 거쳐서 새로운 목적에로 지향하지 않을 수 없는 것이다.

그러면 자유주의는 처음에 어떠한 이념하에 어떻게 투쟁하였는가.

모든 개인에게 가장 광범한 활동 기회를 주어야 사회적 복리를 가장 많이 얻을 수 있다고 하였다. 여기서 사회적으로는 모든 개인의 권리가 옹호되며 계약의 자유가 확인되었고 국가적으로는 귀족계급 이외의 중산계급도 정치 참여의 길을 열었다. 이것은 폭력의 소산인 토지에 대하여 노력의 소산인 가동자본(可動資本)의 승리로서 경제적 자유의 기반이 되는 것이며, 귀족정치에서 인민정치에로 민주정치의 기반이 되는 것이며, 종교에서 과학에로 과학혁명의 기반이 되는 것이었다. 그리하여 자본주의로서는 생산수단의 소유자가 그 수단의 철저한 이용을 제약하는 일체의 법률이나 제도나 관습에 투쟁하였고 실로 자유주의는 이러한 투쟁을 정당화하는 사상이요 사회 이론이었다. 이러한 새 사상과 새 사회 이론의 승리에 의하여 모든 개인의 경제적 자유경쟁을 전제로 하는 자본주의가 발전하였고, 모든 개인의 자유 권리를 승인하는 민주주의 정치가 발전하였고, 종교적 억압에서 신앙의 자유가 허락되었다. 이것은 봉건제도의 붕괴요 그 결과로서 귀족계급에 예속되었던 다른 계급의 해방이었다. 18세기 자유주의의 승리는 실로 여기에 위대함이 있다.

그러나 동시에 이 위대한 승리가 막대한 실패를 내포하였다는 것을 이제는 누구나 이미 경험에 의하여 부인할 수 없게 되었다. 그것은 자본주의의 발전은 독점자본을 형성하기에 이르러 '독점은 자유경쟁의 정반대의 것'이라는 진리가 발현되기에 이른 것이다.

물론 이 자유사상의 승리와 거기에 의한 자본주의가 발전하는 도정에서 그 고조된 자유사상으로 인하여 그전의 통제 시대보다 더 좋은 결과를 낳았다는 것은 사실이나, 따라서 이 승리에 의하여 생긴 더 좋은 결과와 새 제도하의 사회적 이익이 모든 개인에게 공평히 분배되지 못한 데서부터 모순도 함께 발전하였다. 즉 이 경제자유주의는 말인즉 귀족계급에 예속되었던 모든 계급을 해방한다 하였으나 그 실은 이 철쇄(鐵鎖)에서 해방된 중산계급이 신흥(新興)하면서 일찍 제 몸에 얽혔던 그 사슬을 자기들 해방의 동맹자 무산계급에게 뒤집어씌워 버린 것이다.

아무리 아름다운 말로 개인의 권리를 옹호한다 하며 계약의 자유는 신성하다 하나 빈부의 차가 현격해질수록 부의 소유자 앞에 빈민의 권리는 옹호될 수가 없었고, 계약의 자유란 결국 그 개인의 자유의사라는 미명하에 새로운 노예적 계약의 성립이었다. 이리하여 국가 운영도 경제력 있는 사람의 의사에 맞아야만 하게 되었고 법률 제정도 경제력 있는 사람끼리 선출한 대표에 의하여서만 가능하기에 이르러, 입헌적 자유라는 것이 비록 허울은 훌륭하였으나 이것은 실상 유산계급을 위한 입헌적 자유로서 무산계급을 노예화할 수 있는 자유에 불과한 것이다. 이래서 그전 시대의 귀족계급의 토지독점이 실제의 생산자인 농민을 헐벗기고 굶주리게 하였듯이 자본독점하에서도 실제의 생산자인 근로인민은 의연히 빈궁할 따름이요 이 빈궁은 날을 따라 증대하는 독점자본에 비례하여 증대한 것이다. 그리하여 자유주의가 그 수 세기 간의 역사적 투쟁에서 전취(戰取)한 자유는 결국 특권계급으로 화(化)한 자본주의가 독점한 바 되었다. 그러므로 이러한 자유는 근로인민의 자유와는 근본적으로 상반되는 것이며, 그 자유가 구가(謳歌)하는 바 모든 개인의 '인간 해방'이라는 것도 실제에 있어서는 근로인민을 그대로 노예의 지위에 방치한 것이다.

함에도 불구하고 이 자유를 독점한 특권계급은 자기들의 자유가 곧 국가와 인민의 자유라고 주장하고 있다. 뿐만 아니라 이 특권계급에 아부하기에 대다수의 인민의 자유가 아직도 이루어지지 못하고 대다수의 인간 해방이 아직도 완수되지 못하였다는 사실을 관찰할 시력이 마비된 사람들은 부질없는 학설적(學說的) 기교로써 이 기만적 자유를 진실된 자유처럼 정당화하려고 노력하는 예조차 드물지 아니한 것도 감출 수 없는 사실이다. '자유주의의 위기'라거나 혹은 '자유주의의 비극'이라는 말이 이로 인하여 많은 사람의 입에 오르내리게 된 것이거니와 자본주의를 적으로 삼는 공산주의가 이 자유주의를 경멸하여 그 역사적 제약성을 말하며 내지 반동적이라 적대시하는 이유의 하나도 실로 여기에 있다.

그러나 귀족계급의 전제정치하에서 인류의 자유와 문화를 옹호하려는 필요에서 발생한 자유주의는 그 승리의 산물로서 생장한 자본주의이기는 하되 그것이 횡포한 특권계급으로 화하였으며 그로 인하여 인간 전체의 해방의 목적이 방해되는 것을 깨달았을 때에 다시금 봉건 세력을 복멸(覆滅)하던 그 용기와 투쟁력을 이제는 자본 세력에 향하지 않을 수 없는 것이다. 이 새로운 용기와 투쟁력은 다음과 같은 새로운 신념으로써 발휘되는 것이니 즉—"경제적 자유주의의 승리가 비록 봉건주의 사회의 전제정치에서 자본주의 사회의 독재정치로 대치되었을 뿐이라 하나 그러나 이것은 인류 발전사의 한 계단일지언정 종말은 아닌 것이다."

이 자본주의적 민주주의의 지평선 너머에는 반드시 인민 전체의 자유를 보장하는 새 사회가 있는 것이다. 지금 일부 특권계급의 손에 유린되고 있는 인민 전체의 자유를 찾아서 모든 개인의 인간 해방의 완수를 보는 날 드디어 이 새 사회는 전개될 것이다. 이제야 자유주의는 그 자체의 위기도 비극도 극복하며 새로운 발전을 지향하는 것이다.

2.

물론 이 자유주의가 그 자체의 위기와 비극을 인식하고 이를 극복함으로써 새로운 발전을 지향하기 위하여 그의 소산인 자본주의에 대한 투쟁의 필요를 깨달은 것은 사실상 능동적이기보다는 수동적이라고 보는 것이 타당할 것이다. 그것은 자본주의가 자기의 자유가 곧 국가의 자유요 인민 전체의 자유라고 주장하며 자유를 자기 계급만이 독점함에 의하여 사실상 인민 전체의 자유를 억압하는 악을 범하였을 때에 비로소 '인간이 이상하는 바의 자유는 이러한 자유가 아닌 것'을 깨닫기에 이른 것이다. 그래서 자유주의는 자기가 낳은 자본주의임에 불구하고 이와 대립하기에 이르렀고, 마침내 자본주의에서 발전한 제국주의는 자유주의를 적의 위치로 방축(放逐) 억압하기에 이른 것이다.

그러므로 만약 자유주의의 역사적 제약성을 말하는 사상가들의 논리가 타당하다 하면 자유주의는 이미 자본주의의 난숙(爛熟)과 함께 몰락되었어야 할 것이었다. 허나 자유주의는 몰락되지 아니하였다. 종말이 온 것도 아니었다. 종말이 아니었을 뿐 아니라 이 자본주의의 난숙기를 기하여 다시금 자본주의적 경제 독점과 이로 인한 인간의 억압으로부터 인간해방을 위해 새로운 투쟁을 개시한 것이다.

자유는 인간존재의 그 사실 자체에 고유한 것이지 결단코 권력으로 빼앗을 수 있거나 금력으로 매점할 수 있는 것은 아니라고 한다. 함에도 불구하고 특권계급의 지위를 확보한 독점자본은 자기의 자유를 위하여 무산계급의 자유를 금력으로 매점하려 한다. 계약의 자유는 경제적 독재에 유리하며 마침내 인신매매에까지 악용되었다. 도시에서는 공장조직에 의하여 실제적 생산자는 무산자로 전락되었고, 농촌에서는 토지겸병(土地兼倂)에 의하여 실제적 흙의 정복자를 흙의 노예로 만들었다. 이리하여 특권을 누리는 한 계급이 비대하여 갈수록 다른 계급은 점점 더 궁핍에 빠져 들어갔다. 그런데 특권계급은 자기들은 정당한 자유경쟁의 승리자요 무산계급이 자기들의 탐욕으로 인한 희생자라는 것을 생각하려 않는다. 그래서 자기들의 자유가 곧 국가의 자유라고 하며 그 자유를 옹호하는 것이 정의요 이를 반대하는 것은 패배자의 부당한 불평이며 국가의 자유를 위태롭게 하는 것이라 주장한다. 그러나 천하의 모든 건장한 실업자와, 주야로 근로하면서도 궁핍을 면할 수 없는 사람들의 궁핍한 이유가 모두 그 개인의 허물이라고 인정할 수는 없는 것이다. 여기 제도의 불합리가 있다. 이제야 경제적 자유방임은 자산을 소유한 소수의 복리는 되나 일반 대중의 복리를 희생시키는 것이라는 것을 부정할 수 없게 되었다. 드디어 자유주의자는 특권계급의 자유를 대변하는 주구(走狗)가 되거나 몰락하거나 그렇지 아니하면 의연히 자유를 상실하고 있는 피압박 대중과 더불어 그들의 자유를 위하여 투쟁하거나의 세 가지 중 하나를 택하여야 했다.

애초에 소수의 횡포에 대항하여 다수의 자유를 획득하려는 사상으로서 발생된 이 사회 이론이 일단 승리를 거두었다고는 하나, 이것이 귀족에 대치된 자본가일 따름으로서 특권계급이기는 마찬가지일 때에 그 본래의 투쟁과업은 그대로 남아 있는 것이다. 독점자본의 대변자도 될 수 없는 것이며 그대로 몰락될 수도 없는 것이요 당연히 인간 해방을 위한 투쟁은 계속되는 것이다.

한편 자본주의의 독점적 지배욕은 생산과 자본을 집중시킴으로써 더욱더 독점으로 발전하였다. 피차 국내만의 시장은 이미 포화 상태를 이루었고 그래서 식민지 쟁탈에 박차를 가하였다. 저 식민지 쟁탈전인 제1차 세계대전은 드디어 제국주의 열강의 세계시장을 더욱 축소하여 유럽의 운명에 아무 관련도 없었던 동양의 인명과 화복(禍福)까지도 그들의 이익 추구에 의한 희생의 대상이 되기에 이르렀다. 이미 자본주의는 자유사상이 낳은 태아 그대로는 아니었다. 아닐 뿐만 아니라 그는 성숙하여 다시 제국주의의 태모(胎母)가 된 것이요 제1차 세계대전은 실로 이 제국주의의 발육상태를 설명하는 것이다.

이 제국주의의 단말마적 독재욕은 그에게 반항하는 아무것도 용인하지 아니하였다. 그저 경제적 독점에만도 만족하지 않았다. '독점은 자유경쟁의 정반대'임을 여실히 드러내어 지독한 통제경제체제의 확립과 아울러 자유경쟁을 소탕하고 마침내는 정치제도에서 겨우 그 형해(形骸)를 유지하던 민주주의조차 말살하여 명실이 상부하는 완전한 파쇼까지 등장한 것이다. 이 야만적 단말마는 자기를 옹호하는 독점자본과 자기를 대변하는 이론 이외의 모든 것을 파괴하고 소각하였다. 여기 자유주의가 폭압의 대상이 된 것은 물론으로서 우리는 제2차 세계대전의 양성(釀成)을 위하여 일제의 발악이 고조되었을 때 민족 해방을 위하여 싸운 조선 민족에게는 두말할 것 없거니와 일본 국내에서도 모든 자유주의자가 감옥과 지하로 쫓기었던 것을 기억하는 것이다. 이들 독점욕의 화신 앞에는 조국도 민족도 없는 것이다. 하물며 문화의 옹호나 평화의 애호도 귀에 들 리(理)가 없는 것이다. 더구나 폭력 통치를 반대하는 자유의 이념이나 인권의 주장이 용허(容許)될 수는 없는 것이어서 파쇼는 자유주의 말살에 광분하였던 것이다. 이로써 인류 사회의 모든 비행과 살생과 이로 인한 문화의 위축과 부패가 독점자본의 독재욕과 탐재욕(貪財慾)에서 발생된다는 것을 시력이 마비치 않은 사람이면 누구나 정확히 판별할 수 있을 것이다. 자유주의는 이러한 제도의 초창(初創)이 자기 사상에서라는 것을 모르지 아니하나, 그러나 이미 지적한 바와 같이 이것도 하나의 역사적 단계요 종말은 아니라고 믿는 것이다.

그러므로 단계를 넘어서 새로운 역사적 발전을 지향하는 신념이 있고 그래서 대중의 균등한 자유를 위하여 독점된 자유를 타파함에 용감할 수 있고 꾸준히 싸울 수 있는 것이다.

3.

봉건세력을 꺾고 나서 자본주의가 한참 그 승리를 구가할 때에 유럽에는 한 유령이 나타났다. 이 유령은 장차 자본주의의 독재화를 예견하는 동시에 과학적 역사관에 입각하여 유물사관을 확립하고 그 유물론을 기초로 한 철학관·사회관·경제관을 무기로 삼아서 자본주의에 도전한 공산주의다.

공산주의의 계몽에 의하여 자본주의에 희생된 많은 사람들이 자기의 계급적 존재를 의식하기에 이르고 이러한 계급의식은 드디어 근로계급의 경제적 정치적 자유를 위하여 투쟁력을 발휘케 하였다.

이 투쟁력은 제정 러시아(帝政露西亞) 복멸(覆滅)에 성공하고 여기 공산주의 실현의 혁명 성과가 나타났다. 그는 이번 제2차 세계대전을 거쳐서 제국주의 파시즘도 복멸하기에 성공하여 이제야 하나 남은 자본주의 세력 미국과 대치하기에 이르렀다. 그의 신념에 의하면 현재 자본주의의 세력 하에서 신음하는 모든 무산대중(無産大衆)은 모두가 장차 자본주의를 복멸하는 공산주의 혁명에 가담할 인적 자원이다. 공산주의는 이 인적 자원의 획득과 확보를 위하여 무산계급의 경제적 정치적 자유를 보장하며 그 표본으로 소비에트 사회의 모든 좋은 점을 강조한다. 사실 이 공산 사회의 모든 좋은 점은 피압박·피착취 계급이 끝없이 동경하는 이상이다. 그래서 이 공산주의는 지금 세계 어디에나 침투되어 있는 것이다.

그러면 과연 소비에트 사회에서 근로계급은 아무 불만이 없이 행복스러운가. 무엇보다도 첫째로 소비에트 사회에는 자유가 있는가. 소비에트의 지배자가 아무리 아름다운 말로 이 나라 근로계급의 자유를 자랑할지라도 세계는 그것을 믿지 아니한다. 이 사회에도 자유는 없는 것이다. 확실히 이 사회에도 자유는 없는 것이다. 자유가 없을 뿐만 아니라 냉혹한 독재가 있는 것이다. 봉건제도 복멸에 성공한 자본주의가 결국 그 투쟁에 가담하였던 무산대중을 희생하고 일부 소수가 독재자로 나타난 것이나 다름없이 이 자본주의 복멸에 성공한 공산주의도 그 투쟁에 가담하였던 무산대중의 자유를 희생하고 독재적 집권자가 나타난 것이다. 공산주의는 이 독재를 합리화하기를 소수가 다수에게 행하는 자본계급의 독재와는 그 성격이 다르며, 다수가 소수에게 행하는 무산계급의 독재는 진보적이라고 한다. 이 말을 수긍하는 한이 있더라도 결국 진보적 독재도 독재는 독재다. 설혹 이러한 진보적 독재가 합리적이라 하더라도 인간 해방을 지향하는 견지에서는 더 진보적인 단계를 단념하지 못한다. 부득이 혁명 단계에서 필요한 진보적인 독재도 결국 인류의 이상 사회에서는 이것조차 없는 자유의 사회이어야 할 것이다. 하물며 오늘날 공산주의 독재는 사실로 다수가 소수에게 행하는 독재인가를 생각할 때에 '다수'라고 지칭되는 근로계급인 무산대중도 독재의 대상이지 독재자가 아닌 것이며 그래서 이 다수에 속하는 근로계급의 무산대중도 독재를 받는 대중임에 있어서랴.

허다면 자본주의가 인민의 자유를 금력(金力)으로 매점하는 것이나 공산주의가 인민의 자유를 권력으로 뺏는 것이나 인민에게 자유가 없기는 마찬가지인 것이다.

권력으로 뺏는다는 말은 무엇인가? 우리가 생각하는 자유는 인민은 누구나 공사(公事)를 비판할 수 있는 자유라야 할 것이다. 어떠한 한 필부(匹夫)라도 정치에 참여하는 동시에 정치를 비판할 자유가 있어야 한다. 그런데 공산주의 치하에 이러한 자유는 없는 것이다. 비판의 태도만 가져도 부당할 뿐 아니라 '비판할 위험'이 있는 인물로 지목되면 벌써 범죄자가 되어야 한다. 이것은 다만 인민에게 복종을 강제하는 것이다. 어떤 사회에나 복종의 규율은 필요하지마는 자기 의사에 의하여 사의(私意)를 구속함에서 나오는 자율적인 복종과 강제에서 나오는 타율적 복종은 구별되는 것이다. 그러므로 공사를 비판할 자유가 없고 오직 타율적인 복종만이 있을 때에 그것은 인간 생래(生來)의 자유를 권력에게 빼앗긴 것이다.

"자유주의자는 반동 세력에 반발하면서 진보 세력의 조직적 규율을 혐오한다."고 말하는 이가 있는데, 이러한 말이 바로 비판의 자유를 혐오하는 이들의 말인 것이다. 우리는 결단코 조직 규율을 혐오하지 않는다. 다만 조직 규율은 공개적이며 명랑할 것을 요구하는 것이다. 그런데 공산주의 조직 규율은 공산당원 자신이 어느 때 어떤 죄과로 재판도 없이 알지 못하는 곳으로 사라질지 모르는 위험을 걸머지고 있다. 하물며 당원 아닌 인민이 그 치하에서의 비밀한 불안과 공포는 더 말할 것이 못 될 것이다.

자유는 언제나 진실을 공언할 용기가 있는 정치를 요구한다. 음모적이나 또는 왜곡적인 이론을 인민에게 강제하는 것은 개인의 자유의사를 침범하는 것이다. 이러한 개인 의사의 침범은 그 개인의 창의를 억압하는 것이며, 이러한 억압은 결국 국가에 기여할 수 있는 인민의 자유로운 창의를 말살하는 것이며, 인민의 창의가 말살된 제도는 독재적인 것이다. 이렇게 인민의 창의와 비판이 말살된 독재하에서는 오직 승인된 공식 이론만이 정당하고 그 나머지는 모두가 반동적이다. 지금 우리는 이러한 현실을 멀리 가본 일 없는 소련 사회를 건너다보고 아는 것이 아니라 우리의 국토 절반을 그 점령하에 두고서 체험하는 것이다. 민주 과업이 완수된 북에, 마땅히 인민은 명랑하게 살아야 할 북에 음울한 불안과 공포가 있다는 것은 무엇을 말하는가. 승인된 공식의 이론을 강제할 뿐이요 그 외의 모든 것은 억압된다는 증좌(證左)가 여기에 있다. 자유를 선이라고 보는 사상에서 이러한 억압은 그 반대인 것이다. 그 억압을 반대하기 때문에 독재를 혐오하는 자유사상으로서는 공산주의의 정치적 독재도 수긍할 수 없는 것이다.

4.

이상에서 우리는 지금 조선을 절반씩 쪼개서 차지하고 있는 자본주의와 공산주의의 각기 중요한 표리의 양면을 관찰하였다. 그 결과 자본주의가 경제 독재인 동시에 공산주의가 정치 독재라는 것을 파악하였다. 쌍방이 저마다 민주주의라 하나 쌍방이 다 민주적인 일면이 있는 동시에 비민주적 독재가 있는 것을 본다. 그런데 이 두 가지 주의는 각기 자기의 독재는 덮어 두고 민주적인 면만을 내세운다. 남조선이 정치적 자유를 내세우고 북조선은 경제적 민주 과업의 혁명적 성과를 자랑한다. 이러한 세력의 한편을 따라서 정치적 이익을 달리하는 사람들이 각기 자파의 정치적 이익을 확보하려고 많은 이론을 만들어서 민중을 강제하고 있다. 이래서 통일을 희생하고 그 대신에 분열을 결과하였다. 여기 이론에 민족을 희생시키는 과오가 있는 것이다. 그럼에도 불구하고 이론을 정리하고 냉정을 회복할 새가 없이 자꾸만 이론이 나온다.

드디어 많은 이론은 그것이 진리거나 오류거나 할 것 없이 통틀어 착잡한 소음을 만들고 말았다. 원래 소음을 제압하는 권위를 손쉽게 가진 것은 폭력이다. 그래서 또 폭력이 나온다. 이리하여 유혈은 임리(淋漓)하고 분열은 격화하는 중이다. 라스키* 교수에 의하면 "한 제도가 사생(死生)을 걸고 싸울 때에는 토론 등의 예의를 지킬 여유가 없다. 투쟁열은 이성을 열등시한다. 그래서 목적을 달성하기 위하여는 어떤 수단이라도 쓰는 사람이 정치계를 지배한다. 이러한 시기에는 관용도 순리도 바랄 수 없고 통치력을 가진 사람들은 자기 목적과 수단에 대한 비판을 탄압한다. 역사상 어떤 정체(政體)든지 자체의 전복을 묵인한 일은 없는 것이다."라는 것이다. 실제 지금 조선에서는 남의 자본주의와 북의 공산주의가 사생을 걸고 싸우고 있다. 그러나 이 때문에 희생되는 것은 무엇인가? 조선 민족이다. 조선 민족의 자주독립이다. 그러면 정치 이념의 분열이나 한 제도의 고집 때문에 민족이 양분하고 조국을 멸망시키는 것보다는 민족 전원의 공동이익을 생각할 필요가 있다. 그리하여 이제 우리가 세워야 할 새 나라는 어느 일계급의 것이 아니라는 것을 깨달을 필요가 있다. 실로 진실로 새 나라는 어느 일계급의 것일 수는 없는 것이다. 하물며 어느 일세력의 것일 수는 없는 것이다. 더구나 어느 일당(一黨)의 것일 수는 없는 것이다.

새 나라는 인민 전체의, 자유로운 인민 전체의 것이라야 한다. 그러므로 우리는 인민 전체의 진정한 자유가 보장될 수 있는 진리를 찾아야 한다. 지금 같은 혼돈 속에서, 이 허다한 과오 속에서 진리를 찾는다는 것은 지극히 어려우나 또 지극히 중요한 일이다.

---

* 라스키(Harold J. Laski, 1893-1950) 영국의 정치학자, 문학비평가. 1930년대에 '영국의 민주주의의 위기'를 해명하는 과정에서, 그리고 1930년대의 경제위기를 바라보면서 라스키는 지배계급에 의한 개혁의 가능성을 의심했으며, 결국 마르크스주의를 지지하게 되었다. 그는 사회주의만이 번성하는 파시즘에 대한 현실적이고 효과적인 대안이라고 생각했다. 1945년 노동당 당수로 선출되었고 그해 총선을 승리로 이끌기도 하였다.

이 진리를 찾기 위하여 우리에게는 냉철한 이성이 필요함을 역설한다. 지금 상호 투쟁에 열병적(熱病的)인 사람들이 열등시하는 그 냉철한 이성이 필요하다. 좌우의 고집과 편견이 설혹 어떤 비난과 공격의 화살을 보낼지라도 우리는 새 나라는 자유체(自由體)라야 할 것을 굽힐 수는 없는 것이다. 제국주의라 파쇼라 자본주의라 하는 독재도 부당하거니와 이른바 진보적이라 하는 무산계급의 독재도 부당한 것이다. 누구나, 어떤 개인이나 국가와 권력에 대하여 비판자가 될 수 있어야 할 새 나라는 결단코 개인의 사상의 자유나 언론의 자유가 억압되어서는 부당하다. 그러므로 국가의 권력 그것은 용인하나 이는 개인의 모든 자유를 보장하기 위한 권력으로서 용인하는 것이다. 소수파의 의견도 경청하며 결사의 자유를 보장하며 사상을 통제하려 들거나 내지 구속하지 아니하는 권력을 용인하는 것이다. 그러기 위하여는 실제에서 개인의 자유 활동에 유해한 부의 편재를 수정할 필요가 있다. 여기 토지개혁, 중요 산업 국유화 등의 경제적 민주평등이 요청되는 것이다.

이러한 이념을 전제하고서 우리는 지금 이 민족의 통일과 자유에 방해되는 두 개의 공식을 비판할 자유를 가진다.

먼저 자본주의적 민주주의가 아무리 그 민주적 정치형태를 자랑하나 그실에 있어서 경제 독재이며 소위 입헌적 자유도 명목뿐인 것을 우리는 이미 관찰하였다. 이제야 경제적 자유경쟁의 방임 상태에는 일대 수정이 필요하며, 그래서 경제체제에 새로운 중점을 두는 신민주주의의 제창을 듣기에 이르렀다. 이 제창이 이미 반(半)마르크시즘에까지 발전되어 있거니와, 함에도 불구하고 자기 수정을 혐오하는 자본가들의 소유욕은 일찍 그들의 투쟁 대상이었던 봉건시대의 귀족들이나 마찬가지로 자발적으로 소유권을 포기하기를 거부하고 있다. 그러나 빈부의 별(別)이 그대로 현격하고서 민족의 통일을 바랄 수 없는 것을 사려 있는 사람이면 누구나 부인할 수 없다는 것을 자본가들은 깊이 깨달아야 할 것이다.

그렇다고 하여서 공산주의의 공식을 전적으로 용인할 수 있느냐 하면 거기에도 이미 지적한 독재를 포기치 않는 한 용인할 수 없는 것이다. 그런데 그들도 일단 권력을 장악하면 이것을 자발적으로 포기할 용의는 없는 것이다. 그들은 조직 규율을 말하나 이 규율에는 비판의 자유가 제거되어 있으며 공산주의 이외의 사상은 가차없이 배격해야만 하는 규율인 것이다. 그리고 이 국제주의의 당시(黨是) 앞에는 인간으로서 버릴 수 없는 감정의 기초-민족의식까지를 상실하게 되는 위험이 있다. 일찍 일본공산당 영도자의 한 사람이던 사노 마나부(佐野學)*가 최근 공개한 공산당 이탈의 변에 의하면, "공산당은 제3인터내셔널의 지부이므로 모스크바에 있는 그 본부의 명령에 절대 복종하지 않으면 안 된다. 거기다가 본부와 지부의 관계로 말미암아 자연히 외력 의존적 경향이 되며 자국(自國) 증오심리까지 생기게 되었다."는 것이다.

조선 민족의 중대한 결함에 사대사상이 있다. 실로 이 사대사상은 나라를 망친 그중 중대한 결함이었다. 그런데 우리는 아직 이 결함에서 민족 자아의 광복을 완수치 못하고 있다. 그러면서 그 외력 의존을 벗어나기 어려운 국제주의는 이 사대사상의 제거를 방해 내지 불가능하게 할 위험이 있

---

* **사노 마나부(佐野學, 1892-1953)** 일본의 사회주의 운동가. 1922년 일본공산당에 입당했다. 1932년 치안유지법 위반으로 무기징역을 선고받았으나, 1933년 옥중전향서를 발표하여 큰 반향을 불러일으켰다. 전향서는 소련의 지도를 받는 공산주의운동의 오류, 천황제의 수용, 일본을 중심으로 한 국가사회주의의 실현 등을 주요 내용으로 했다.

지 않다고 보증할 수는 없는 것이다.

물론 조선의 공산주의자들은 항상 민족 독립을 내세우고는 있다. 그러나 그들이 충실한 국제주의자인 한, 충실한 민족주의자는 아닌 것이다. 민족 독립보다는 계급 혁명을 더 귀중히 인정하면서 또 그것을 지향하면서 워낙 지상적 명제가 민족 독립이기 때문에 이 구호를 차용하는 것뿐이 아니라고 믿기도 어렵다. 이들의 이러한 심리 현상과 행동으로 인하여 그들이 우익보다는 확실히 진보적이요 혁명적인 경제정책을 가졌음에 불구하고 많은 사람의 반대를 받고 있으며 이러한 반대가 민중 간에 민족적 기개로 나타날 때에 그들의 정적은 이러한 민중의 이 민족적 기개를 이용하여 공산주의 배격의 구호 아래 실로 반동적인 세력 신장을 도모하기까지에 이른 것이다. 이러한 현상은 드디어 그들 공산주의자가 사갈(蛇蝎)처럼 증오하는 파시즘적 경향을 격화시키고 있다. 모든 자유주의자까지를 빨갱이로 몰아 버리며 중간노선은 물론, 심지어 김구(金九) 씨조차 크렘린의 대변자라는 비난이 횡행하는 것이 무엇보다도 이러한 사태를 충분히 설명하는 증좌일 것이다.

그리하여 필경 이 땅은 양극의 탄압과 반항의 반복을 초래하였다. 이 현상이 격화하면 할수록 우리의 분열은 격화하고 그 대신 상실한 통일을 회복할 가망은 희박해지는 것이며 골육 간의 유혈을 그칠 길이 없기는커녕 더욱더 심해질 것뿐이다.

여기서 우리는 두 개의 사상에 대하여, 민족의 통일 독립을 위하여 피차에 철저한 수정을 강경히 요구하는 바이다. 한편이 진보적 새 사상의 이름으로 보수적 구제도의 고집에 도전하는 것은 좋으나 계급투쟁에 열중한 나머지에 국제주의의 공식만을 추수(追隨)하여, 자기 자신이 조선 민족이라는 것조차 명심할 여유가 없는 듯한 인상을 주는 모든 과오를 청산함으로써 진실된 민족 통일과 자주독립을 지향할 것이며 또 한편은 현 제도의 옹호와 소유권만에 집착하기보다는 역사의 발전을 과학하는 지성과 이 지성에 의한 용기로써 어제까지의 자기 계급의 노예였던 무리들도 노예가 아니라 건국 도상에 제회(際會)한 골육이며 이들과 손을 잡고서만 통일된 새 나라 건설이 가능하다는 것을 깨달을 필요가 있는 것이다.

다행히 우리가 이렇게 두 개의 사상의 수정을 본다 하면 우리는 착취 없고 독재 없는 새 나라를 세울 수 있다. 부의 편재로 인한 빈궁을 절멸하고 평화와 자유를 확보하는 새 나라를 세울 수 있다.

공식에 도취한 사람들은 이러한 이념을 비웃을 것이다. 그러나 이 땅은 미국도 아니요 소련도 아니다. 미국에서 소련식 경제체제로 변혁하거나 소련에서 미국식 정치체제로 변혁한다는 것은 혹은 불가능할는지 모른다. 그러나 우리는 지금 두 개의 사상과 제도가 서로 고집하는 미소 양 세력하에 민족의 운명이 장악되어 있다. 우리에게는 이 두 개의 사상과 제도의 조화에서만 통일할 수 있고 독립할 수 있으며, 또 우리가 진실로 자주적으로 건국을 구상할 때에 이러한 조화는 가능한 것이다. 이 가능한 조화는 우리 민족으로 하여금 미국식 민주주의보다 더 좋은, 소련식 민주주의보다 더 좋은 자유국가의 자유 인민으로서 번영할 가능을 가지고 있다.

만약 그렇지 못할 때에는 어떠할 것인가? 미국식 자본주의 경제체제를 그대로 가지면 여기 소련식 공산주의의 도전을 피할 도리가 없고 이 땅에서 반미열(反美熱)을 막아 내지 못할 것이며 또 소련식 독재정치가 나타날 때에 여기 미국식 민주정치 이념의 반대를 막아 낼 도리가 없고 이 땅에서 반소열(反蘇熱)을 누르지 못할 것이다.

태평양에 돌출한 군사적 요충으로서의 우리 국토는 지금 미소의 분점하(分占下)에 있다. 미국은 이 군략(軍略) 기지를 소련의 세력하에 두기를 원치 않고 있다. 소련은 이 군략 기지를 미국의 세력하에 두기를 원치 않고 있다. 반미친소도 친미반소도 우리의 독립을 위하여는 금물이며 더구나 자주독립을 위하여는 금물 중에도 금물이다. 지금 우리가 두 개의 외세를 철퇴시키고 자주통일독립을 얻자 하면 소련의 의구(疑懼)도 미국의 의구도 없이 하여야 한다. 이것은 두 개의 사상과 제도의 조화로써만 가능할 뿐이다. 그런데 이 조화는 이미 지적한 바와 같이 미국보다 소련보다 더 좋은 자유국가의 자유민으로서의 번영의 가능이 있는 것이다.

　생각이 여기 미칠 때에 현재 우리는 허다한 과오를 범하고 있음을 인식하는 것이다. 이 허다한 과오로 인하여 우리는 현재 암울한 혼돈 속에 빠져 있는 것이다. 이 암울한 혼돈에서 벗어나야만 우리는 비로소 명랑한 건국에 매진할 수 있을 것이다. 그리고 이 암울한 혼돈을 제거하는 무기는 오직 냉철한 이성인 것이다. 그러므로 새 나라는 모든 자유를 원하는 사람들의 이성의 승리를 기초로 하고서야 비로소 건설이 가능하다고 믿는다. 현단계에서 조선을 위한 새 자유주의의 이념이 이것이다.

민족 위기의 배경

냉정 전쟁(冷靜戰爭)에 희생되는 조선 독립

— 1948년 4월 30일, 『신천지』 제3권 제4호

미소(美蘇)진영의 상호 적대상태하에서 희생되는 것은 무엇이며 희생되는 자는 누구인가? 물을 것 없이 세계평화의 희생이요 현금 냉정 전쟁에 휩쓸려 들어간 약소국가들인 것이다. 그 중에도 기구한 처지에 있는 자가 바로 우리 조선이요 누구의 희생보다도 더 큰 희생이 이 민족의 통일의 상실이며 독립의 미수(未遂)인 것이다.

1.

제2차 세계대전의 종결과 함께 미소(美蘇)는 그 전시(戰時) 중의 우호를 버리고 각기 본래의 위치로 돌아갔다. 이 본래의 위치는 피차 적대의 위치거니와 이제야 세계를 지배할 수 있는 단 두 개의 거물이 마지막 단판 씨름을 겨루려는 것이다. 그리하여 비록 총성은 그쳤으나 이로써 세계는 평화를 찾은 것이 아니라 다시금 새로운 전쟁을 출발하는 시간에 불과하였음을 알 수 있다.

이러한 관점에 입각할 때에 전후 처리가 한 가지도 볼 만한 것이 없었다는 그 사실은 괴이할 것이 못된다. 이미 평화에로 지향하는 것이 아닌 바에는 전후 처리 문제는 그것이 새로운 전쟁을 위한 발화적(發火的) 도구로서의 가치가 좀 더 소중한 것이며 그래서 세계 도처에서, 일체의 문제에서 미소 간에는 진지한 교섭이 진행되는 것이 아니라 오직 그 대립을 격화할 조건의 양성 내지 도발에 열중하고 있는 것이다. AP 평론가 매켄지 씨는 "공산화한 위성국의 지지를 받고 있는 소련과 민주주의 제국(諸國)과 동맹을 맺고 있는 미국 양국은 이미 전쟁 상태에 있으며 우리는 이것을 냉정 전쟁(冷靜戰爭)이라고 칭한다." 하였는데 이 냉정 전쟁이라는 칭호는 새로우나 실상 미소의 총성 없는 전쟁은 1917년 소련 혁명 이래 진행되어 온 것으로서 하등 새로운 것은 아니다. 제2차 세계대전에서 당면한 공동의 적을 격파하기 위하여 일시 휴전 상태에 들었던 것이지만 대전의 종결과 함께 승리의 전우 미소는 또 다른 적이 없는 이 세계에서 피차 하나 남은 적으로서 각자 본래의 위치에 돌아가 대치하게 된, 그뿐인 것이다.

　오늘의 소련이 세계 약소민족의 해방을 위하여 싸운다 하지마는 그 싸울 수밖에 없는 더 중대한 이유는 실로 소련 이전의 제정 러시아 때부터 가지고 있는 슬라브 민족 생존권의 신장에 있다. 동토(凍土), 흑토(黑土), 적토(赤土)에 주야(晝夜)조차 고르지 못한 러시아는 바다마저 가지지 못하였다. 이 민족이 그 생존권을 신장하기 위하여는 어떻게든지 바다로 나가야 하며 그러기 위하여 동으로 태평양에, 서로 대서양에, 남으로 인도양에 진출하려는 국책은 그 나라의 정체(政體)가 변혁된 후에도 변혁할 수 없는 절대적인 것이다. 혁명 이후로 소련은 그 군사력을 기르면서 자본주의 몰락 전쟁의 때를 기다리는 동안 일국(一國) 공산주의를 유지하여 왔으나, 이제 제2차 세계대전의 승리에 의하여 드디어 동유럽을 그 세력권으로 순조롭게 확보하여 대서양에 진출할 수 있게까지 되었고 동으로는 일찍 러일전쟁의 패배를 설욕하면서 태평양 진출의 귀중한 지점으로서 조선의 북반(北半)을 점령할 수 있게 되었다. 이러한 소련 세력의 확장이 같은 자본주의 국가라 할지라도 용인할 수 없는 미국으로서는 이제야 그 전통의 먼로주의*를 벗어 버리고 공산주의의 세계 진출을 방지하지 않으면 우선 자체의 운명에

---

* **먼로주의(Monroe Doctrine)** 1823년 12월 먼로 대통령이 의회 연두교서에서 발표한 미국 외교정책의 기본 방향. 유럽과 신대륙은 서로 다른 정치체제를 가지고 있으므로 별개의 지역으로 남아야 할 것임을 선언했다. 미국의 유럽에 대한 불간섭, 유럽의 아메리카 대륙에 대한 불간섭, 유럽 제국의 식민지 건설 배격 등의 원칙을 구체적으로 드러냈다.

중대한 영향을 두려워하지 아니할 수 없게 됨으로써 자본주의 옹호를 위하여 미국은 그 전력을 기울이게 되었다.

미국은 말하기를 현금(現今) 미소 간의 냉정 전쟁은 소련이 신중히 기도(企圖)한 세계 공산화를 목적으로 한 계획에 의하여 발단한 것이라 한다. 사실 소련은 그 세계 지배적 지위를 획득함에 있어서 사상을 무기로 하고 있다. 경제적 착취가 있는 곳에 인민의 피폐가 있고 기아가 있다. 이 인민의 피폐와 기아 상태는 현 제도의 개혁을 열망하게 하며 이 열망을 응수(應酬)하는데 공산주의적 경제체제가 있는 것이다. 소련은 이 사상적 무기와 조직력의 전술에 의하여 이미 동유럽을 그 세력권으로 확보한 것이며 다시 서유럽을 넘어서려 하는 것이다.

전후의 사태가 이에 이르러 미국은 소련과의 이 이상 협조를 단념하였다. 세계 도처에서, 일체의 문제에서 소련과의 협조를 포기하고 그 독자적 세계정책의 강행에 열중하고 있다. 소련의 무기가 사상인 데 대하여 미국의 무기는 사상보다도 그 강대한 경제력인 것이다. 그것은 민주주의 자유 사상으로써 소련의 공산주의는 독재적이며 이 독재주의는 인간성과 충돌되는--그리하여 인권 헌장을 신봉하는 생활양식에 배치되는 것임을 강조하고는 있으나, 그러나 모든 약소국가가 피폐와 기아 상태에 그대로 방치되고서는 그 공명을 얻지 못할 것을 알고 있다. 그래서 미국은 경제적 세계 원조를 무기로 들고 나선 것이다.

2.

  미국은 마침내 서유럽 제국(諸國)을 중심으로 하는 소련의 동·서·남에 근접해 있는 18개 국가에 대한 원조 계획을 실시하기로 결심하였다. 총액 60억 9,800만 달러에 달하는 이 사상 초유의 세계원조법안은 지난 4월 3일 단시간에 의회를 통과하고 4일에는 트루먼 대통령이 서명하는 동시에 이 것은 '금일 자유세계가 당면하고 있는 도전에 대한 회답'이라 하여 공산주의 방알(防遏)을 위하여 이 계획이 실시되는 것임을 명백히 표시하였다. 그 원조의 내용을 보면, 마셜*이 계획한 유럽(歐洲) 부흥에 53억 달러·그리스 (希臘) 군사원조에 2억 달러·터키(土耳其) 군사원조에 7,500만 불·트리에스트(Trieste)** 원조에 2천만 달러와 함께 극동에서 중국 군사원조를 위한 1억 2,500만 달러를 포함한 중국 원조 4억 6,300만 달러 등이다.

  이상 원조 내용에서 볼 수 있는 바와 같이 명목을 군사원조라고 분명히 밝힌 것은 두말할 것도 없거니와 설혹 그 명목을 평화 물자라 하였을지라도 이것이 소련에 대한 투쟁의 적극적 구현이며 그 용도가 명백히 반공(反共) 전비(戰費)라는 점에서 원조 물자의 종별이야 전쟁 무기거나 경제개발

---

* **마셜(George C. Marshall, 1880-1959)** 미국의 군인, 정치가. 제2차 세계대전 중에 미국 육군 참모 총장을 지냈고, 전후 국무장관(1947-1949)과 국방장관(1950-1951)을 역임했다. 1947년 그가 제안한 유럽 부흥 계획은 마셜 플랜으로 알려져 있다. 그리스와 터키에 대한 원조의 제공, 이스라엘의 승인, 북대서양조약기구(NATO)의 창설을 위한 예비회담 등도 국무장관 재직시 이룩한 그의 업적들로 꼽힌다. 유럽 경제부흥에 대한 공적으로 1953년 노벨 평화상을 수상하기도 했다.

** **트리에스트(Trieste)** 이탈리아 동북부 변방에 위치한 항구도시. 1857-1918년 오스트리아-헝가리 제국의 영토로서, 지중해로 진입할 수 있는 제국의 거의 유일한 항구도시였다. 세계대전을 거치면서 그 귀속을 둘러싼 분쟁이 발생했다.

농구(農具)거나를 물을 것 없이 통틀어 대소 무력 원조라고 인식하여도 아무런 착오는 없을 것이다.

그러면 이 역사상 초유의 팽대(膨大)한 세계군사원조를 위하여 미국의 전 국민 1인당 42달러라는 이 지출은 실제로 누가 부담하는 것인가? 사실상 전 미국인이 그 여잉(餘剩)의 경제력으로써 피폐한 전후 세계의 재건을 위하여 기아 상태에 빠져 있는 각 국민에게 보내는 선물인가? 실력 앞에서는 진실이 은폐되는 수도 없지는 않으나 매양 이 진실을 외교적 언사나 혹은 표면의 미문려구(美文麗句)로써 감출 수는 없는 것이다. 이제 우리는 다음의 몇 가지를 인식할 필요가 있다.

① 미국은 현금 세계 유일의 실력적인 자본주의국가이며,
② 그 자본주의 독점 경제체제를 적극 보수(保守)하려 하며,
③ 그래서 세계시장을 포기할 수는 없으며,
④ 그러므로 피폐한 세계시장으로 하여금 그 구매력을 소생시킬 정도로 재건을 위한 원조가 필요하다.

는 것이다. 만일 세계시장이 오늘의 현상과 같이 피폐한 채로 일로(一路) 위축된다 하면 미국의 그 방대한 생산품은 판로가 두절될 것이며, 그 결과로서 미국이 두려워하는 것은 미국 자체의 파멸인 것이다. 이 사실을 간취(看取)할 때에 세계 원조를 부담하는 자는 미국의 전 국민이기보다도 미국의 재벌이라는 것을 누구나 알 수 있을 것이다. 그런데 이 미국의 전 생산력을 장악하고 있는 재벌의 현상은 어떠한가.

⑤ 전시 군수생산에서 평화 생산 체제로의 전환은 아직 시간을 요하며,

⑥ 전시 중 생산한 군수 무기가 아직도 축적되어 있다.

이 두 가지 사실에서 우리는 미국이 전 생산력을 평화 체제로 전환함에는 그 과도적 현상으로서 군수 무기 생산에서 평화물자 생산에로 점진적 전환을 하는 것이 그 자체의 희생을 방지하는 수단일 것을 깨달을 수 있으며, 따라서 현재 축적되어 있는 전시 생산의 무기를 다시 뚜드려 부수어서 생산 원료로 전환시킬 것 없이 그대로 수요처를 구하는 것이 더 좋은 방법인 것도 알 수 있는 것이다. 이렇게 하여서 미국은

⑦ 생산력을 평화 체제로 전환하기에 소요되는 시간 중에는 그대로 전시 체제의 생산이 필요하여야 하며,

⑧ 현재 축적된 무기의 소비처를 구하여야 하며,

⑨ 그러기 위하여는 적을 구할 필요가 있으며,

⑩ 그 발견한 적에 대하여 세계의 적개심을 환기시킬 필요가 있다.

이리하여 미국이 발견한 적이 공산주의인 것이다. 실상 공산주의를 적으로 삼는 것은 어제오늘의 일이 아니요, 소련이 1917년 혁명 이래 계속하여 자본주의에 도전하면서 세계혁명을 지향하여 오는 동안 꾸준히 미국의 적이었던 것이다. 이 적이 오늘 세계에서 미국이 상대하게 된 유일의 적이다. 이를 타도하거나, 적어도 전전(戰前) 모양으로 소연방 내에서 더 나오지 못하도록 하거나, 이것이 만약 부득이할지라도 동유럽을 넘어서지 못하게 하며 아시아로 뻗어 나오지 못하게 해야 할 필요가 미국의 입장에서

절실한 바가 있다. 그래서 소연방을 둘러싸고 동·서·남으로 근접한 18개 국가에 반공 전비(戰費)와 반공 무기의 원조가 필요하고 이 원조에 의하여 이들 18개 국가에서 공산주의에 대한 적개심의 환기와 그 투쟁이 필요한 것이다. 4월 11일 이탈리아 총선거를 앞두고 미국이 얼마나 중대한 관심을 이탈리아에서의 방공(防共) 투쟁에 두었던가 하는 것은, 이 총선거 전(前)으로 원조 법안의 의회 통과와 또 이탈리아에 우선 원조를 결정하되 트루먼 대통령은 만약 이탈리아에 좌익정당이 승리하면 원조는 중지할 것을 미리 성명한 것 등으로도 그 일단을 분명하게 엿볼 수 있는 것이다.

3.

이상에서 우리는 미국의 세계 원조는 세계의 평화를 재건하며 피폐와 기아 상태에 빠져 있는 인류를 구제하려는 것보다도 그들의 공산주의에 대한 냉정 전쟁의 동맹군이 된다는 엄격한 조건부인 것을 인식하게 된다. 이것은 그 원조를 받는 국가들의 대소 정책은 미국에 승인된 정책이라는 것과 또 그 원조의 혜택을 실질적으로 받는 계급이 어느 계급이냐는 것을 볼 때에 더욱 명백한 바가 있다.

두말할 것 없이 이 세계 원조는 소련식인 경제체제를 거부하고 미국식인 경제체제 속에 세계를 유폐(幽閉)시키려는 것이다. 그러나 이미 제2차 세계대전 후 가장 뚜렷이 나타난 현상은 세계는 미국이 가는 길보다는 훨씬 좌경하였다는 사실이다. 세계는 자본주의적 독점경제체제가 인류의 균등한 행복을 보장하지 못하는 것을 이미 경험하였다. 행복을 보장하지 못할 뿐 아니라 부당한 착취와 불공평한 기포(飢飽)가 있는 것을 이미 경험하였다. 이 경험에 의하여 세계는 자본주의적 경제체제에 일대 수정이 필요한 것을 깨달았다. 함에도 불구하고 미국은 미국의 입장에서 이 자본주의 경제체제를 보수(保守) 유지할 필요가 있는 것이다. 그런데 이제야 미국이 홀로 자본주의를 보수 유지할 수는 없는 것이다. 여기는 동맹군이 필요하다. 이리하여 미국은 소련을 둘러싼 동서 제(諸) 국가로 하여금 반공 전선을 광범히 전개하면서 60억 달러의 거액을 던져서 냉정 전쟁에 참가를 요구하는 것이다.

그러면 이 냉정 전쟁에 참가하는 모든 국가의 현상은 어떠한가? 그들의 인민은 이미 지적한 바와 같이 자본주의 경제체제를 벗어나서 사회주의적 경향으로 기울어졌음에도 불구하고 이 미국의 원조에 이익을 얻는 특권계급의 억압에 질식되고 있는 것이다.

정권을 장악한 반동적인 인물들이 미국 원조의 이익을 독점하고 인민을 냉정 전쟁에 휘몰아 넣고 있는, 이 때문에 인민은 반동 정권과 싸워야 하며 그래서 나라마다 정권에 대한 인민의 반항이 있고 인민에 대한 정권의 탄압이 있는 것이다. 이 원조가 진정으로 각국 인민의 환영을 받기 위하여는 그들 인민으로 하여금 자기 정부의 지도자를 선택할 자유가 있어야 하며 그들의 자유로 정치·경제 제도를 선택할 수 있어야 할 것이나, 이것은 미국이 그들을 원조하는 근본 의도에 어긋날 우려가 있는 한 미국으로서 방임할 수 없는 것이며 간섭하지 않을 수 없는 것이다. 이것은 쉬운 예를 그리스에서, 터키(土耳其)에서, 중국에서, 또는 일본에서 얼마든지 볼 수 있다. 미국으로서는 그 나라의 정권을 잡은 인물이 그 나라 인민 앞에 어떤 반동을 하거나 아니하거나 반공(反共) 전선에 그 나라 인민을 이끌고 나서서 참가할 인물이면 그로써 족하다 한다. 그래서 스페인(西班牙)까지도 원조 범위에 포함되는 여부가 논의될 정도에 이른 것이며 이러한 사실은 덴마크(丁抹)의 중립 신문《인포메이션》지로 하여금, "만약 히틀러가 생존하여 있다면 이자도 마셜 안(案)*의 혜택을 받을 불의(不意)의 출현자였을는지 모른다."고 비난하기에 이른 것이다. 그러나 미국으로서는 이 세계 원조를 하나의 전쟁으로 보는 만큼 전승을 위하여는 수단을 가릴 여유는 없는 것이다. 이렇게 볼 때에 일본이야말로 진주만을 습격하고 불손하게 미국에 반항하였던 사실만을 제거하면 극동에서 방공(防共)의 공로가 과거에 혁혁할 뿐 아니라 또 장차도 이것을 기대할 수 있는 것이며 현재 중공군과 싸우는 중국의 장개석(蔣介石) 정권 역시 도와주어야 할 필요가 있는 것이다. 일본의 경제 재건을 위하여 미국은 지극히 관대하여졌으며 중요 공장이 배상 대상에서 제거되고 드디어 일본은 동양의 공장으로서 재건시켜야할 필요를 인정하게 되었다. 이러한 필요는 장차 제3차 세계대전이 일어나는 날 일본인은 미군복을 입는다는 그 조건부와 합치된다는 것을 우리는 무시할 수 없는 것이다. 미국은 이미 일본을 점령국으로서가 아니라 군사적 맹방으로 대우하고 그 재건에 노력을 경주하고 있으며, 그러기 위하여 드레이퍼** 육군 차관은 '당장에 일본의 경제발전을 촉진하기 위하여 수출

---

* **마셜 案[Marshall Plan]** 흔히 마셜 플랜(Marshall Plan)으로 불리며, 정식명칭은 유럽부흥계획(European Recovery Program)이다. 전후의 빈곤·실업·혼란으로 인해 서구에서 공산당의 영향력이 확대될 것을 우려한 미국이 제2차 세계대전 후의 서·남 유럽의 경제를 재건하여, 자본주의 국가들이 살아남을 수 있는 안정된 조건을 만들고자 세운 계획이다.

** **드레이퍼 (William Henry Draper Jr., 1894-1974)** 미국의 육군장교, 관료, 외무관. 1차대전기 육군 소령으로 군 생활을 시작했다. 1945-1947년 준장으로 진급하여 독일관리위원회 경제분과 대표로 근무했다. 소장으로 승진한 후 로열(Kenneth Royall) 장관의 요청에 의해 전쟁부 차관으로 일하다가,

품 제조원료를 전부 미국에서 공급하고, 장차는 극동 제국(諸國)에서 공급되는 원료와 대치하고 일본 제조품으로 그 대가를 지불케 할 것'을 계획하게 하고 있다. 이러한 일본의 복구 내지 재무장이나 중국의 장(蔣) 정권 원조 등이 과연 동양 평화에 기여함이 있을 것인가, 동양은 이로써 평화를 구가할 수 있을 것인가는 깊은 의아를 아니 가지지 못한다.

4.

UN 리* 사무총장은 4월 12일 고(故) 루스벨트 미 대통령 2주기(週忌)에 행한 연설 중에 "5대국(五大國) 중 어느 일국도 평화조약에 관한 주요 의견 상위점(相違點)을 절충하려는 노력을 보인 나라는 없다. 대국 간에는 각자 상위점을 조정하려는 의도보다도 자기 지위를 고집하려는 경향이 있다."고 지적하는 동시에 대국(大國) 측의 보이코트나 무시적(無視的)·포기적 행동은 평화 수립에 공헌하는 행동이 아니라고 갈파하였는데, 보이코트 행동은 소련을 의미하는 것이며 무시적 행동은 미국의 세계 원조안이 UN

1947-1949년 최초의 육군부 차관이 되었다. 1949년 전역한 후, 1953년 북대서양조약기구 미국 대사로 일했다.

* 리(Trygve Halvdan Lie, 1896-1968) 노르웨이 출신의 정치가, 외교관. 노동운동가로 활동했고, 노르웨이 법무부 장관, 국회의원을 역임했고, 초대 유엔 사무총장(1946-1952)으로 재임했다. 초대 사무총장으로서 유엔헌장을 적극적으로 해석해 사무총장의 정치적 역할을 개척했다. 대한민국에 대한 유엔군의 지원이 승인(1950년 6월 27일)되자, 그는 소련으로부터 공공연한 방해와 개인적 모욕을 받게 되었다. 결국 유엔군의 한국전쟁 참전을 지지한 것에 대한 소련과 공산권 국가들의 적대감이 거세지자 사무총장직을 사임했다.

외부에서 추진한 것을 지적한 것이라 하였다.

사실상 UN은 타협할 수 없는 두 개의 진영으로 분열되어 있으며 미소는 UN 내에서도, UN 외에서도 싸우고 있는 중이다. 이 양대국의 이러한 상호 투쟁으로 인하여 세계는 두 개의 진영으로 분열되었고 특히 미국을 중심으로 하는 블럭에는 이미 전쟁 소음이 요란한 지도 오랜 터이다.

미의 서구 동맹 참가설·서구 동맹에 군사원조안·서구 5외상의 공동 방위안 작성설·미영 합동참모부의 실천 기관으로서의 부활 등을 비롯하여 미 육군 참모부 웨더마이어 장군의 "가상 적(敵)을 충분히 분쇄할 수 있을 만한 강력한 육해군을 건조(建造)하라."는 역설(力說)은 미국으로서는 이미 완전한 전쟁 태세에 돌입하는 인상을 주고 있는 것이다. 풍운이 이만하매, 미소 어느 진영을 물을 것 없이 이미 지적한 바와 같이 대립을 격화 도발할 조건의 양성(釀成)에 몰두하는 감조차 부인할 길이 없게끔 되어 있다.

그렇다면 이러한 2대 진영의 상호 적대 상태하에서 희생되는 것은 무엇이며 희생되는 자는 누구인가? 물을 것 없이 세계 평화의 희생이요 현금 냉정 전쟁에 휩쓸려 들어간 약소국가들인 것이다. 그중에도 기구한 처지에 있는 자가 바로 우리 조선이요, 누구의 희생보다도 더 큰 희생이 이 민족의 통일의 상실이며 독립의 미수(未遂)인 것이다.

워싱턴 3월 31일발 UP통신이 전하는 바에 의하면 "최근 2주일 간에 남조선 점령 부대를 약 50% 증가한 것은 소련군과 북조선 공산군이 38경계선에 참호 구축과 때를 같이 하였다. 북조선 측의 참호 구축 행동은 북조선 인민에게 남방 미군으로부터 공격이 있을 것으로 예상된다고 지시함으로써 공산주의 정권하에 인민을 더욱 견고히 단결시키려는 심리 공작이다."라는 것인데 실상 우리는 이러한 심리 공작은 남조선에도 치열한 바 있음을 부정하지 못하는 것이다.

　1947년 9월의 소련 제안인, 1948년 1월까지 미소 양군은 동시 철퇴하자는 것을 거절한 미국의 이유는 남조선에서 미군이 철퇴하면 북으로부터 공산군이 남하하리라는 것이었다. 어느 때부터 어떤 이유라는 것을 분명히 지적할 수 없을 만치 일견 자연스럽게─실(實)에 있어서 애매하게도 미군의 남조선 주둔 이유는 공산군의 방어에 있는 것이 되어 버렸다. 이것이 또 남조선의 현 사태를 합리화하고 거기 의하여 이익이 있는 사람들의 조작과 합치하여 민중 간에도 미군이 없으면 남조선마저 적화할 것이요 그래서 미군은 주둔해야 하며 38선은 필요한 것처럼 되어진 것이다. 이러한 심리 현상은 다시 더 비극적으로 발전되어 공산주의화한 북조선은 우리 몸에서 떼어 버리는 것도 부득이하고 가능한 지역에서만이라도 반공 정권을 세워야 할 것으로 주장되고 있다. 이러한 주장에 대한 찬부(贊否)는 이미 명확해진 것이라 더 필요치 않거니와 다만 하나 더 확실한 것은 이러한 심리 현상을 이용하는 세력하에서는 조국의 통일과 독립은 가망이 없다는 그것이다. 남북의 분단은 항구화할 것이요 그리하여 반신(半身)은 소 측에서 반신은 미 측에서, 가열(苛烈)한 냉정 전쟁의 도구가 될 것이며 만약 이 사태가 발전하는 날 극동의 화약고는 마침내 폭발될 우려조차 기우라 단정할 용기도 없는 것이다. 생각이 여기 이르러 우리가 주장할 것은 오직 하나가 있을 뿐이니 그것은 민족자결의 원칙이다.

독립 번영의 기초

도산(島山) 정신의 3대 요점

— 1948년 3월 10일,《서울신문》

오늘 한명이 자주인격을 가지면 그것이 정말 이 민족 자주독립의 삼천만분의 일이다. 천이면 삼만분의 일이오 만이면 삼천분의 일이다. 우리는 아무리 조급할지라도 이러한 독립요소가 하나로부터 백·천·만·백만·천만으로 확대되어 삼천만 배에 달하는 날, 그날이 진정으로 완전 자주독립하는 날이라고 도산은 믿었다.

1. 자아의 혁신

갑오년 청일전쟁을 목격한 17세의 소년 도산은 청국땅도 아니요 일본땅도 아닌 조선땅에 어찌하여 청일 양군이 들어와서 총화(銃火)를 겨루고 정작 이 땅의 주인 조선 백성은 어육(魚肉)의 신세가 되었는가를 생각하였다.

힘―힘이 없어 청의 세력도 막아 내지 못하였고 일의 세력도 막아 내지 못한 것이다. 그 막아 낼 수 없는 두 개의 외세가 이 땅에 들어와서 이 땅, 이 민족의 운명을 장악하기 위하여 싸우는 것인 줄을 알았다.

그리하여 약관(弱冠)의 도산은 나라를 잃지 않으려고 민족의 힘을 기르자는 운동을 일으키었다. 미처 힘을 기르기 전에, 썩은 기둥을 갈아 내기 전에, 큰 집은 무너졌거니와 나라를 잃은 뒤에 도산은 나라를 다시 찾기 위하여 민족의 힘을 기르자는 운동을 종생(終生)토록 계속하였다. 그는 나라가 장차 망하려 할 때에 그 망할 수밖에 없는 원인이 사대사상이요 허장성세(虛張聲勢)요 공리공론이라고 보았다.

나라가 망한 뒤에 이를 도로 찾기 위하여서는 사대사상을 버리고 허장성세를 버리고 공리공론을 버리고 그리하여 단합한 민족의 힘을 발휘하는 외에 다른 길이 없다고 하였다. 이러기 위하여는 민족을 구성한 개인 개인이 사대사상을 버리고 허장성세를 버리고 공리공론을 버려야 한다. 그 대신에 자주 인격을 가져야 하고 실질적이어야 하고 협동하여야 한다.

이 개인 개인의 인격 혁명이 민족 혁명의 기초 조건이다. 개인 개인이 거짓 없고 성실하며 민족의 일원으로서의 자주적 자질을 가진 뒤에 그 단합으로써 민족 자아의 혁신이 있은 뒤에 비로소 자주독립이 있다고 믿는다.

하가(何暇)에 자아 혁신을 기다려서 독립하느냐고 많은 사람들이 도산의 이러한 독립 원리를 비웃었다. 그러나 이 원리가 진리라는 증명은 이 원리를 비웃은 사람이 30년 전에도 있었고 40년 전에도 있었다는 그것으로 족하다. 다행히 우리가 30년 전에, 40년 전에 이미 사대사상도 버리고 허장성세도 버리고 공리공론도 버리고, 자주적이며 실질적이며 협동적 개개(個個)의 인격을 찾고, 그 단합으로써 자주적이요 실질적이요 협동적인 민족 자아의 혁신이 있었다면 오늘 미국땅도 아니요 소련땅도 아닌 이 조선땅에 또다시 두 개의 외세가 들어와서 그 앞에 민족의 운명이 장악될 리도 없고 독립을 찾지 못했을 리도 없다.

지금 우리 앞에는 여러 가지의 분열된 독립의 설계가 있다. 남에도 있고 북에도 있고 지상에도 있고 지하에도 있다. 그 어느 것이나 외세의 힘을 빌려 이른바 정치적 독립을 얻을 수 있다고 하자. 그러나 진정코 자주독립을 누릴 만한 자주민의 자질을 가지지 못하고 이 독립이 자주적일 수 있는가? 외세에 의한 독립을 외세에 의하여 상실하는 예를 역사는 얼마든지 증명하고 있지 아니한가.

오늘 한 명이 자주 인격을 가지면 그것이 정말 이 민족 자주독립의 삼천만분의 일이다. 천이면 삼만 분의 일이오 만이면 삼천 분의 일이다. 우리는 아무리 조급할 지라도 이러한 독립 요소가 하나로부터 백·천·만·백만·천만으로 확대되어 삼천만 배에 달하는 날, 그날이 진정으로 완전 자주독립하는 날이라고 도산은 믿었다.

2. 교육의 진흥

자아 혁신을 위하여 도산은 교육에 중점을 두었다. 교육이 지배계급에 독점되어 대다수의 인민이 우맹(愚氓)의 역(域)을 벗어나지 못하고서는 민족의 갱생은 불가능한 것이라 하여 교육 평등을 주창하였다. 더구나 세계는 나날이 과학의 세계로 진보하건마는 조선만이 그대로 꿈속에 있다가 먼저 깬 자의 침략을 받은 것을 생각할 때에 우리의 다시 사는 길은 우리도 남만큼 아는 힘이 없고서는 불가능한 것이다. 독립을 위하여는 정치 운동에 앞서서 교육 운동이 필요하다고 그는 믿었다.

그는 이 필요에서 고향에 점진학교(漸進學校)*를 세웠다. 그때는 아직 20대의 소년 시절이었으나 외곽적(外廓的) 변혁에 의한 요행의 독립을 바랄 것이 아니라 국민 교육에 의하여 독립하자는 점진의 사상이 그때 벌써 그 교명(校名)에 나타난 것이다. 평양에 세운 대성학교(大成學校)나 망명 중 남경(南京)에 세운 동명학원(東明學院)**이나 모두가 이 교육 운동의 실천이며 그가 혁명가, 정치가인 동시에 그보다 더 큰 교육가인 것을 알 수 있다. 독

---

* **점진학교(漸進學校)** 1899년 안창호가 평안남도 강서에 세운 초등과정의 학교이다. 학교의 명칭은 점진적으로 공부하고 수양하여 민족역량을 길러야 한다는 안창호의 사상을 드러내고 있다.

** **동명학원(東明學院)** 1924년 안창호가 구국운동의 일환으로 중국 난징(南京)에 설립한 학교이다. 안창호는 학생들에게 민족혼과 어학에 대한 교육을 실시하기 위해 학교를 설립했다. 초기 학생들은 수십 명 정도에 불과했으며, 대개 흥사단원이 많았다. 학생들에게 책임감과 협동생활 등을 강조했다.

립은 결코 뜬구름 잡듯 할 수는 없는 것이다. 적어도 각 개인이 자주력을 발휘할 만큼 가르친 뒤에야 가능하다고 그는 믿었다.

그의 교육 이념은 '구실주의'라 할 수 있다. 하나하나가 제구실을 할 수 있는 인물을 만들자는 것이다. 그래서 그는 특히 일인일능(一人一能)에 치중하였다. 적어도 각 개인이 한 가지의 전문가적 지식이나 기술을 가지자고 한다. 남의 지식 남의 기술에 의하여 살아간다는 것은 노예근성이요 망국의 장본이다. 그런데 지금 우리는 우리가 아는 정도의 지식이나 기술만으로는 살아갈 수 없는 상태하에 있다. 이것은 한 민족으로서 제구실을 못한다는 말이 되며 제 힘으로 독립 자주할 수 없는 상태하에 있다는 말이 된다. 선진한 국가는 모두가 과학을 기초로 하였다. 공업에 중점을 두고 있다. 조선도 다시 살기 위하여는 지금까지의 원시적 농본 생활에서 벗어나야 한다. 여기 공업 입국을 제창하는 소이(所以)가 있거니와 우리에게는 그러할 만한 천혜의 자원이 있고 천품(天稟)의 자질이 있다. 배우면 될 수 있다. 그런데 가르치자는 운동을 하는 이는 적었다. 모두가 당장의 독립에 조급하여 언제 가르치고 배워 가지고 독립하자느냐고 하였다. 이 10년 교훈, 10년 생취(生聚)의 주장에 공명자(共鳴者)는 적었다. 다행히 우리가 30년 전에, 40년 전에 10년 교훈, 10년 생취를 실천하여 30년 40년을 계속하였다면, 그래서 이 정신이 이 땅을 덮고 이 운동이 거족적으로 확대하였다면 오늘 이 민족의 면모는 확실히 변했을 것을 믿는다. 이것을 믿는다 하면 이제부터라도 우리는 배우고 가르치는 운동에서부터 다시 출발하여야 할 것을 믿지 않을 수 없다.

3. 산업의 발전

경제력의 기초가 없는 독립은 자주적일 수가 없고 필경 사상누각을 면하지 못한다. 그러므로 한 민족의 자주독립이라는 것은 결국 경제력을 의미하는 것이다. 나라가 망하려 할 때에 당장에 죽자, 싸우자 하는 이는 많았으나 나라를 유지하기 위한 산업 발전을 말하는 이는 없었다. 나라가 망한 뒤에도 역시 죽자, 싸우자 하는 혁명가는 많았으나 경제력을 말하는 이는 없었다. 도산의 신념으로서는 기회라는 것은 실력 있는 자에게만 유용한 것이다. 우리가 경제적으로 자립할 만한 실력을 가지지 못하고서는 설혹 기회가 온다 하여도 쓸데없는 것이다. 그래서 도산은 저 3·1독립만세도 그것이 일제의 침략을 조선 민족이 반대하며 독립을 갈망하는 민족적 의욕의 표현으로서는 의미가 있는 것이나 이로써 곧장 독립을 전취(戰取)할 수 있다고는 보지 아니하였다.

왜냐하면 민족의 경제력이 민족의 독립을 자주(自主)할 만한 정도에 이르지 못하였다는 것이다. 그래서 그는 임시정부에 입각하기보다는 만주로 가서 재만(在滿) 동포와 더불어 교육과 산업을 일으키는 운동을 하기가 소원이었던 것이다. 독립이 급한데 언제 산업 발전을 기다리느냐고 답답해하는 이가 많았으나 그는 독립 달성이 하루이틀에 될 것이 아닌 바에 우선 독립운동의 재정적 기초를 세우기 위하여서도 임시정부에 납세할 수 있는 재외 동포의 안정된 경제력의 필요를 역설하였던 것이다.

자본주의의 발달은 세계시장을 축소하였고 유럽의 운명과 아무 관련도 없던 동양의 화복(禍福)도 드디어 연결되고 말았다. 이제 와서 자급자족할 생산이 없는 나라는 독립만세를 아무리 웨칠지라도 결국 남의 시장임을 면치 못하고 남의 시장이 된다는 것은 남의 식민지 신세라는 것을 모르는 사람은 없다.

혼히 일제의 패망은 역사적 필연이라 하거니와 만약 일본의 생산력이 미국의 생산력을 능가하였어도 이 민주주의 승리의 역사적 필연은 오늘에 도래하였을 것인가? 여기서 우리는 역사적 필연도 생산력에 의하여 추진된다는 진리를 부정하지 못한다. 허다면 오늘 우리는 독립할 수 있는 이 미증유의 호기를 만나서 과연 독립을 유지할 기초로서 산업의 토대가 있는가, 자급자족할 생산력이 있는가. 이것이 없으면 우리의 독립은 자주독립이 아니다. 이것이 없으면 우방의 원조도 고마울 것이 못 된다. 못 될뿐더러 경계를 요한다. 그런데 지금 진실로 자주적인 산업건설을 생각하는 이가 얼마나 되는가. 이를 악물고 전심전력으로 불철주야하여도 10년이 걸릴지 20년이 걸릴지 모르는 이 기초 사업을 그냥 덮어두고 이 기초가 있은 뒤에야 비로소 있을 수 있는 자주독립을 입으로만 웨치고 있지 아니한가. 거족적 반성이 필요하다고 믿는다.

도산 선생 10주기

— 1948년 3월 10일, 《신민일보》

1938년 3월 10일 도산 선생이 민족 혁명에 순(殉)하고 오늘이 그 10주기다.

10년 전 오늘 오전 0시 5분, 임종의 침두(枕頭)를 받들은 후생(後生)의 추억이 총검의 시위(示威)를 받은 장례에 미치고, 이래(爾來) 그 성묘조차 남의 눈을 꺼려야 하던 적치하(敵治下)의 간고(艱苦)를 돌볼 때에 이제는 동포와 더불어 선생을 추모하며 공관(公館)을 빌어 태극기하에서 추도식을 공개할 수 있는 것만도 새삼스러운 감격을 금하지 못한다.

세상이 선생을 가리켜 위대한 혁명가요 정치가라 한다. 나라가 장차 망하려 할 때에 선생은 약관으로 나라를 잃지 않으려 분투하였고 필경 나라가 망하매 그 광복을 위하여 일생을 바쳤으니 혁명가 정치가의 명예는 당연한 순국의 대가일 것이다. 그러나 혁명가 정치가가 어찌 선생 일인인가. 순국의 선열이 많이 있지 아니한가. 그러므로 위대한 도산은 더 다른 각도에서 더 진실히 해명되어야 할 것이다.

선생은 조선 민족의 갱생과 독립을 위하여 한 가지 위대한 원리를 발견하였다. 그것은 망국의 원인을 발견한 것이요, 이 원인을 제거하자는 방법의 발견이다. 이 발견은 힘이라는 단 한마디로 표현된다.

힘, 힘이 없어 나라가 망하였다. 그러므로 힘이 생겨야 나라를 찾을 수 있다. 이 힘이라는 것은 민족 전체의 덕력(德力)과 지력과 체력의 총화를 의미하거니와 힘없는 민족의 특성이 사대사상이요 허장성세요 공리공론이다. 여기 분열이 있고 파쟁이 있고 멸망의 근본이 있다. 그리하여 선생은 이 민족의 힘을 기르기에 무실역행(務實力行)하였다.

이 민족의 힘은 어떻게 기르는 것인가? 개개인이 실제적이요 실질적으로 힘있는 개개인이 되는 것이다. 이 개개인의 힘을 뭉쳐서 더 큰 조직의 힘을 발하는 것이다.

그것이 무슨 위대한 발견이냐고 웃는 사람이 많다. 사실 알고 보면 위대할 것도 아무것도 없다. 그러나 저 뉴턴이 세상에 태어나기 이전 태초로부터 사과나무에서는 많은 사과가 땅에 떨어졌다. 사과뿐 아니라 모든 과실이 땅에 떨어졌다. 이것을 본 사람은 뉴턴 이전에도 수만 수억이 있었을 것이다. 그러나 여기서 지구의 만유인력을 발견한 것은 비로소 뉴턴이다. 우리가 힘이 없어 망한 것쯤을 모르는 사람은 없을 것이다. 그러나 '교육 산업으로 민력(民力)을 기르는 것이 조국을 회복하는 길인 것'을 발견한 이는 드물었다. 더구나 개인이 건전한 인격의 힘을 가지기 위하여 자아를 혁신하고 이 혁신한 인격의 신성한 단결로써 민족 자아의 혁신이 있고서만, 이 민족 자아의 혁신을 바탕으로 하고서만 힘있는 민족의 힘있는 독립이 가능하다는 원리를 발견한 이는 드물었다. 더구나 이 원리를 무실역행한 이는 드물었다. 여기 선생의 위대함이 있는 것이다.

많은 사람이 현하 민족의 위기를 비통하여 '도산 선생이 계셨다면' 하고 말한다. 그의 비범한 정치적 수완과 반대 의견도 경청하며 그 의견도 과학하는 아량과 또 자기 의견을 반대자에게까지도 경청시키는 덕력을 추모하는 뜻이요, 그래서 선생이 지금 계셨다면 이 혼란한 난국을 건질 수 있으리라는 뜻일 것이다.

그러나 그의 정신, 그의 이념, 그의 사상까지 사멸한 것이 아니거늘 하필 기몰(旣歿)한 그 육신의 없음을 탄식할 것은 없는 것이다. 사대사상을 버리고 허장성세를 버리고 공리공론을 버리고 개개인의 건전한 인격이 단합하여 이 민족이 성실하고 자주적인 자질을 완성하면 선생의 육신이 우리 앞에 없어도 독립할 것이다.

지금 우리는 모두가 독립에 조급하고 있다. 심지어 독립은 꼭 될 것이라 정권만 다투면 다 될 것으로 알고 있다. 이것이야말로 모래판 위에서 썩은 기둥으로 집을 짓자는 말이다. 그런데 그나마 싸우고 있다.

흔히 하가(何暇)에 개개인의 인격 수양을 기다려서 독립할 것이냐고 한다. 그리고 이런 말을 하는 사람들은 모두 자기는 상당한 인격자로 아는 사람들이다. 나도 내 자존심을 구속함이 없이 스스로 평가할 때에 이러한 착각을 가지는 때가 있다. 그러나 도산 선생의 지성(至誠)과 무실(務實)에 비기면 그 신들메도 받들지 못할 것을 생각한다. 하물며 지금 누구나 통일이 없이 독립이 없음을 알고 있다. 그러면서도 통일을 위하여 필요한 각자의 자기 수정을 거부한다. 통일을 위하여는 각자의 자기 수정이 필요하고, 이 자기 수정을 위하여 대공(大公)에 순(殉)하는 몰아의 경지에서 민족 앞에 모든 당리(黨利)나 사익을 희생하는 충의와 용감이 필요함을 깨달을수록 자아 혁신이 그 기본인 것을 부정하지 못한다. 하물며 외세가 그의 필요에서 우리의 독립을 원조한다 하나 결국 우리 자신의 교육과 산업의 부흥이 없이 이 독립의 유지는 바랄 수 없음을 깨달을수록 더욱 그러하다. 이 원리를 몸소 무실역행으로 밝혀 준 이가 도산이요 그래서 선생은 위대하다.

독립에의 신(新)출발

— 1948년 1월 4일, 《서울신문》

이 땅에 해방의 깃발이 날고서 어느덧 네 번째의 제야를 보내고 이제 세 번째의 새 아침을 맞았다.

이 새 아침에도 지난해, 지지난해의 새 아침과 같이 삼천만의 가슴마다에 피로 엉킨 공통의 염원, 통일 조선의 완수, 민주 조선의 구현, 독립 조선의 창건을 위하여 장엄한 사기(士氣)의 새로움을 느낀다.

우리는 이 장엄한 사기의 진정한 진작을 위하여 무엇이 필요하다는 것을 이미 깨달았다. 이 사기 진작이 매양 구호에 그쳤을 뿐인 지난해, 지지난해의 새 아침의 우리가 어떤 진리를 망각하였던가도 깨달았다.

그것은 우리가 냉엄한 현실을 어설피 파악한 데서 독립에의 총진군이 그 제일보에서부터 과오가 있었다는 것을 비로소 반성하는 것이다. 만약 우리의 이 현명한 반성이 없었다면 우리는 여전히 외세의 압박을 외세에 의하여 벗는 그것만으로써 족한 해방으로 인식하고, 그래서 해방 즉 독립으로 아는 과오를 계속할 뻔하였다. 그러나 우리는 이 과오를 어제까지의 묵은 역사 속에 파묻어 버렸다.

이제야말로 우리는 우리의 자주독립을 위하여는 새로운 과업이 있다는 것을 깨달았다. 그래서 이 아침의 새 출발은 비로소 장엄한 것이다.

그러므로 새 역사를 다시 진발(進發)하자는 총진군의 나팔을 부는 이제, 이 아침에 우리 삼천만은 다 같이 옷깃을 여미고 다시 한번 엄숙히 가슴을 두드려 보자. 혹은 아직도 우리에게 사대의 근성이 남지 않았는가, 외세를 빌려 동족을 제압하려는 우거(愚擧)의 되풀이를 생각하는 이는 없는가, 아직도 외세에 약하고 내쟁(內爭)에 강한 이는 없는가.

오늘의 진발은 이 모든 망국의 원인을 과감히 청제(淸除)하고서만 가능한 것이다. 삼천만 중에 단 한 명이라도 여기서 탈락하는 자가 있고서는 우리의 총역량 집결은 감쇄(減殺)되는 것이다. 한 명의 탈락도 없이 하자. 이러고서 비로소 우리는 어제까지의 모든 신산(辛酸)한 암흑으로부터 광명에로 지향하여 새 출발을 할 수 있다.

이에 우리는 진정한 민족 혁명·민족 해방을 위하여 그 기초 조건으로서 인격 혁명·자아 해방을 제창한다. 삼천만 개개인의 전신(全身) 전령(全靈)이 자주민(自主民)의 자질에 도달하기까지는 아무리 조급히 외쳐도 우리에게 자주독립은 오지 않을 것이며 삼천만 개개인이 독립에 순(殉)하려는 비장한 결의가 없이는 독립에의 진군은 별수 없이 하나의 듣기 좋은 구호일 따름이다.

우리가 겪은 과거의 비참한 굴욕이 비단 외세의 강포(强暴)뿐이 아니라 실로 진실로 우리 자신의 성격 파산과 취약에 있었으매 이제 이 청제(淸除)를 위한 개개인의 인격상 혁명을 기초로 하고서만 민족 혁명의 가능이 있다.

모든 허위로부터, 사대 근성으로부터, 동족 모해(謀害)로부터 개개인의 자아를 해방하자. 이러한 자아 해방이 있은 뒤에 비로소 민족해방의 가능이 있다.

여기 대공(大公) 생활의 실천을 외치는 소이(所以)가 있다. 공을 위하여 사를 버리는 민족이 되자. 사를 아주야 버릴 수 있으랴마는 공을 앞세우고 나중에 사를 위하는 기백을 가지자. 민족이 취약하거늘 한 개인의 부강이 어디 있으며 국가가 안태(安泰)의 반석에 놓이지 못하고서 한 개인의 복록(福祿)이 어디 있을 것이냐. 민족의 자주, 국가의 독립이 없이 한 개인의 영화가 어디 있을 것이냐. 이것은 우리가 적치(敵治) 40년에 겪고 남은 체험의 교훈이 아니냐. 민족이 외모(外侮)를 받거늘 한 개인이나 한 당파의 권위가 무엇으로 주장될 수 있느냐. 이것은 해방 후 3년에 어제까지 겪어 온 냉혹한 현실이 아니냐. 대공에 순(殉)하는 민족, 대의에 대사(大死)하는 민족이 되는 날 우리 두상(頭上)에 통일 민족의 명예가 있을 것이요 번영하는 민족의 영화가 있을 것이요, 자유로운 민족의 민주가 있을 것이다.

물론 우리는 더 좋은 나라를 세우기 위하여, 더 좋은 인민의 번영을 위하여 이를 역행하는 자 있을 때 용감히 싸울 것이다. 그러나 오늘날 우리에게 독립 이상의 더 큰 과제가 무엇인가. 이 독립을 위하여 그 기초를 닦는 과업에서 더 시급한 과업이 무엇인가. 그런데 우리는 이 지상의 과업, 시급한 과업을 내세우고 실상은 아집과 아욕(我慾)으로 싸우지 않았던가. 이 빙공영사(憑公營私)에서 해탈하고서만 비로소 독립에의 제일보는 대공을 좇아, 대의를 좇아 지향할 수 있는 것이다.

우리의 진발(進發)은 현재 우리의 섰는 이 위치에서부터라는 것을 다시금 강조한다. 오늘날 우리의 운명을 개척함에 있어서 우리를 싸고도는 국제 정세를 다시금 직시할 필요가 있고 국내 현실을 다시금 파악할 필요가 있다. 그리하여 국제 정세도, 국내 현실도 정당한 역사관, 정당한 세계관에 입각하여 냉엄히 과학할 필요가 있는 것이다.

정치는 절대로 감정이 아니다. 하물며 허장성세랴. 독립만세야 어느 어린아인들 부를 줄 모르며 완전 자주독립을 누구는 외치지 못하랴. 허나 만세만 부르고 깃발만 휘둘러서 독립은 누릴 수 없는 것이다. 오늘날 조선 문제를 싸고도는 미소의 상극이 진실된 조선의 독립 원조에 있느냐, 미소 각자의 극동정책 내지 세계정책에 있느냐를 우리는 우리의 입장에서 깊이깊이 생각할 것이며, 이들의 조선 원조가 태평양에 돌출하여 있는 군사적 요해지(要害地)로서의 조선땅에 중점이 있느냐, 이 땅에 4천 연래 뿌리박고 살아오는 이 역사의 유민(遺民)에 대한 민족적 생명에 중점이 있느냐에서부터 우리는 집착 없는 안목으로 판단할 필요가 있는 것이다.

불원(不遠)하여 UN 위원단의 내국(來國)을 볼 것이다. 그러나 이것으로도 이 민족의 위기의 해소가 못 될 것을 어렵잖게 짐작할 수 있을 때에 우리는 한 번 더 신춘 벽두에서부터 우리의 운명에 중대한 변화가 태동하고 있음을 인식하는 것이며 그럴수록 우리는 더욱더 냉정하게 정세를 과학(科學)할 필요가 있다. 우리가 자주독립을 주장하는, 이 천지를 부앙(俯仰)하여 지극히 정정당당한 이 주장에는 아무 틀림이 있을 리 없는 것이다. 그러나 이 주장은 오늘에 비로소 정당화한 것인가? 어제까지는 부정당하여서 그것이 실현되지 못하였는가? 아니다. 우리는 이제까지 우리의 독립을 남으로부터 선사받을 태도에 뿌리부터 수정이 필요하다는 것을 깨달아야 한다.

이 통절(痛切)한 자각을 기초로 하고서 오늘의 국내 현실을 파악할 때에 우리는 너무도 가난하다는 것을 깨닫는 바이다. 자주 생산이 없이 무슨 자주독립이 있는가. 모든 정의도, 모든 역사적 필연도 이것이 생산력에 의해서야 비로소 추진되는 진리를 깨닫는 이 아침에 우리는 일체의 요란스런 허장성세를 지양하고 첫째도 둘째도 셋째도 오직 실천하는, 노력하는, 실제적인 민족이 되자는 것이다.

민족 만대(萬代)의 운명을 걸고 새 나라를 세우자는 이 미증유의 호기가 또다시 민족 자멸의 위기로 화하고 우리의 절망이 너무도 절망적이려던

이 관두(關頭)에, 우리는 민족적 총반성의 제야(除夜)를 거쳐서 오늘 이 아침의 새 진발(進發)을 외친다. 그러므로 오늘의 새 진발은 통일 민주를 기초로 하여야 할 것을 다시금 깨닫는 바이다. 설혹 당마다 파마다 각기 지선(至善)의 신념이요 주장일지라도 이 지선과 지선에 규각(圭角)이 있고 그리하여 이 규각으로 인하여 민족이 분열되고 드디어 자멸하기보다는 차라리 통일을 위하여는 차선도 가(可)라는 것을 통절히 외치는 바이다.

통일에의 지향이 가능만 하다 하면 각기 지선의 상극(相尅)을 극복하기 위하여 차라리 차선으로 융합을 주장하는 바이거니와 독립이 지상의 과제요 통일이 포기할 수 없는 절대의 요청일진대 실(實)에 있어서 통일할 수 있는 방도야말로 지선이지 그를 넘는 지선이 있을 수 없다고 믿는다.

생각이 여기 이르러 우리는 지금까지 당마다 파마다의 지선이 실지로 지선이 아님을 구명(究明)할 수 있는 것이다. 일체의 아전인수를 동족애 조국애의 대해(大海)에로 돌리자. 일체의 상극을 통일 지상의 용광로에 넣어 불태우자. 이러고서 이 아침의 총진군은 비로소 장엄한 것이다. 아울러서 우리는 민주에로의 지향에 어긋남이 없는가를 다시 한번 살펴야 한다. 아직도 이 땅에 관(官)이 민(民)보다 높고, 민은 관의 호령의 대상이어서는 민주의 아침은 아직 밝지 못한 것이다.

정치도 인민에 의하여 인민을 위하여 서거늘 하물며 이도(吏道)랴. 우리가 믿는 바에 관은 인민에 의하여 인민을 위하여 인민의 위촉을 받은 공복일지언정 여기 어긋남을 허(許)할 수 없는 것이다.

믿을 수 있는 관리—공평하고 겸손한 공복을 토대로 하고서 비로소 민주 정치의 구축이 가능할 때에 우리는 어제까지의 모든 부패상을 다못 하나의 지나간 꿈으로 돌리고 이날 이 새 아침에 명랑한 이도(吏道)가 열리기를 기망(冀望)하는 것이다.

　이에 비로소 우리는 관이나 민이나 좌나 우나 남이나 북을 물을 것 없이 한 덩어리 독립에의 진군을 출발할 수 있는 것이다.

자주의 기초

— 1948년 1월 1일,《한성일보》

새 세계의 새 정의가 모든 약소민족까지를 포함한 독립의 유지와 주권의 보장일 때에 우리가 우리의 독립을 주장하는 것은 지극히 정정당당한 것이다. 함에도 불구하고 이 정당한 주장은 아직 권위 있는 주장이 못되는 증거로서 우리는 아직 독립하지 못하고 있다.

저 장구한 기간의 강포한 독아(毒牙)로부터 우리를 해방한 미소에 향하여 우리의 제2해방을 규호(叫呼)하고 독립을 열원(熱願)하되 이것이 미소 각자의 대조선 정책 내지 세계정책의 협조를 불러오지 못했을 뿐더러 이들은 다투어 조선을 위한다 하면서 실상 우리의 불행은 이들의 상극과 견제에서 더욱더 심각하게 양성되어 가는 것을 체험하고 있다.

여기서 우리는 지금까지 우리가 걸어온 고난의 길을 돌아보고 냉철히 국제 정세와 국내 현실을 진실되게 파악할 때에 우리는 이제부터라도 새로이 독립운동을 하여야 할 것을 통절히 깨닫는 바가 있다.

그것은 실질적인, 실제적인 독립을 얻자는 데 있다. 우리는 지금까지 독립을 구름 잡듯 하려는 이들의 허장성세가 요란하고 아전인수가 창일(漲溢)함을 보았다.

'독립은 벌써 된 것으로, 정권만 잡으면 될 것으로, 그리하여 성명서만 연발하면 정권은 굴러들어 올 것으로' 판단하는 이들의 지도에 의하여 민중은 독립만세를 부르기에 부질없이 목이 쉬었을 따름이었다.

가령 새 세계의 새 정의가 우리의 독립만세에 감동되어 우리에게 독립을 준다고 하자. 이른바 정치적 독립을 얻는다고 하자. 그러나 역사는 허명무실(虛名無實)의 정치적 독립은 바다의 물거품과 같아서 대세의 변동을 좋아 그 생멸(生滅)이 타력(他力)에 달렸음을 증명하고 있다. 서울의 한복판 무악재에 섰는 독립문도 우리 자신이 이미 이러한 역사적 사실의 경험자임을 설명하고 있지 않은가.

이에 우리는 오늘날 우리의 독립을 미소의 중천에 떠 있는 뜬구름으로 아는 착각을 버리고 마땅히 우리 자신의 발뿌리에서 캐내야 할 것을 깨닫는 것이다.

그러므로 우리는 경제적으로 독립하여야 한다. 산업 부흥과 생산력의 앙양(昂揚)에 의하여 이 나라의 산업 경제가 자주의 반석 위에 놓이는 그때에 비로소 우리는 독립을 누릴 수 있는 것이다. 설혹 오늘의 새 정의가 우리의 독립을 원조한다 할지라도 이것은 지금 이때 이 계제에 한 번 있을 수 있는 것일지언정 그것이 백년 천년 우리의 경제적 원조를 의미하는 것은 아니다. 또 설혹 그러한 경제원조를 의미한다 할지라도 이것은 우리의 자주독립을 포기하고 패망의 길을 택할 수 없을진대 받을 수 없는 원조인 것이다.

우리는 현재 한 나라의 독립을 유지할 만한 경제적 기초로서는 너무도 빈약한 것을 알아야 하며 생산력은 일로(一路) 저하하고 있는 이 민족경제의 위기를 냉엄한 객관적 입장에서 인정할 필요가 있다.

물론 이 비참한 현실은 38장벽에 의하여 더욱 심각화하였지마는 건장한 남녀들이 비생산적이요 비실제적인 독립만세만 부르고 다니기에 실제로 생산능률은 더욱더 감쇄(減殺)되고 있음을 지적하는 바이다.

본래 만세를 부른다는 것은 승리의 마당에서 가장 적절하려니와 현재 우리가 부르고 있는 독립만세도 그것이 독립을 얻자는 의욕의 표현일 따름으로서 독립한 마당에서 불러질 만세보다는 그 가치에 엄격한 차이가 있는 것이거늘 하물며 이것이 독립의 토대가 되는 생산력의 저하까지를 초래하면서의 열호(熱呼)하는 것일 때에 깊이깊이 반성을 요하는 것이다.

민족 자아의 자주를 위한 아무 계획도 없이, 준비도 없이 타력(他力)을 믿다가 우리는 망국의 치욕을 겪었다. 오늘날 이 치욕을 벗었으나 불행히도 타력에 의하여 벗었고 또다시 타력을 믿다가 아직도 독립을 못 찾았다.

단정하거니와 우리가 타력을 믿으면 믿는 그날까지는 독립하지 못할 것이요, 이 의존심을 버리는 그 순간이 광영의 자주독립을 지향하는 제일보인 것이다.

이에 우리는 진실된 우리의 독립은 우리의 자주 경제를 토대로 하고서만 가능하며, 다시 우리 자신에게서 일체의 비열한 타력 의존을 청제(淸除)하고 자주 문화, 자주 인격을 기초로 삼아야 할 것을 깨닫는 것이다.

인격적 독립에서부터 우리의 독립운동은 새 출발을 요청하는 소이가 여기에 있다.

평범의 이념

— 1948년 2월 9일, 《자유신문》

우리가 해방되던 그때부터 나는 한 가지 커다란 회의를 가져 왔다. 즉 해방은 우리가 민주주의를 누릴 수 있는 기회라고 하는데 과연 우리는 민주주의를 누릴 만한 자질을 가졌느냐 하는 것이다.

본래 민주주의라는 것은 개개인의 높은 교양을 기초로 하고서의 중선(衆善)의 상층건축(上層建築)이다. 이 높은 교양의 기초가 없으면 이것은 민주주의가 아니라 중우(衆愚)의 난장판이며 질서를 파괴시키는 위험물인 것이다.

높은 교양을 가진다는 것은 자중(自重)과 겸양을 필요로 한다. 이타심을 가져야 하며 이 고도의 이타심에서 우러나오는 협동 정신을 발휘하여야 한다. 민주주의에는 이 협동 정신이 필요하다. 어떤 한 영웅의 강제적 지도에 의하여 억지로 애국하는 것은 민주주의가 아니다. 독일이나 일본이나 이탈리아나 모두 민중에게 억지 애국을 강제하다가 나라를 망쳤다. 그러므로 민주주의하에서는 존경을 강요하는 영웅은 불필요한 것이며 외포심(畏怖心)에서 부득이 하는 '복종의 애국'도 불필요한 것이다.

그저 평범한 사람들이 서로 자중하고 겸양하며 각자 자기 맡은 직분에 책임을 다하면서 협동함으로써 저절로 애국이 되어야 한다.

그런데 우리에게 이 자중과 겸양과 협동이 있는가.

흔히 조선 사람은 개인적으로는 우수하다고 한다. 사실 우리는 현재 우리 곁에 있는 미국 사람에게서 그 개인 개인이 우리 개인 개인보다 더 특별히 잘난 아무것도 발견하지 못할뿐더러 때로는 우리만 못한 개인도 얼마든지 볼 수 있다. 그러나 그들에게는 협동의 정신이 있다. 이 협동의 정신으로써 나라를 이루고 서로 저 혼자 애국자라고 떠들 것 없이 제각기 직책을 다함으로써 그 나라는 부강한 것이다. 그런데 우리에게는 이 협동의 정신이 부족하다. 그래서 "개인적으로는 우수하다."는 말을 듣는다. 우리는 이 개인적으로는 우수하다는 말에서 마땅히 민족적 수치를 느껴야 한다.

확실히 지금 이 땅에는 묵묵히 제 맡은 직책을 다하는 평범인보다 잘났다고 떠들어 대는 영웅의 수가 많다. 이 잘난 영웅들 때문에 불행하게도 이 땅은 질서 있는 중선협동(衆善協同)의 민주주의가 아니라 제멋대로 날뛰는 중우(衆愚)의 난장판으로 화해 있다. 묻거니와 나라가 미천한 지경에 잘난 개인이 어디 있으며 민족이 못난 형편에 저 혼자 잘난 체하기로 누가 잘난 대접을 하겠는가.

서로 자중하고 겸양하자. 저 혼자 잘났다는 영웅심을 버리자. 그리고 모두 평범한 사람이 되자. 고개 수굿이 저 맡은 일을 부지런히 거짓 없이 완수하는 사람이 되자. 우리가 다 이러한 평범한 사람이 되고 협동 정신을 가짐으로써 서로 뭉칠 때에 비로소 정말 민주주의를 누릴 수 있을 것이다.

생산과 노동

— 1947년 6월 22일~24일, 《한성일보》

우리가 새 나라를 구상함에 있어서 이것이 생산하는 나라이어야 할 때에 여기는 반드시 생산자를 어떻게 대우하여야 하며 그리하여 어떻게 더 생산력을 고도로 발휘할 수 있을 것이냐를 생각하게 된다.

더욱이 우리나라의 후진성을 극복하고 민족 장래의 번영을 서기(庶幾)할 때에 우리는 공업 입국을 주창하지 않을 수 없고, 그럴수록 새 나라는 노동자를 대우하는 나라이어야 하며, 노동자의 생활이 고도로 향상하는 나라이어야 하며, 노동자와 노동자의 자제가 교육받을 수 있는 나라이어야 한다. 그래서 노동정책이야말로 새 나라의 발전에 중대한 관건임을 인식할 것이다.

무엇보다도 우리는 먼저 착취 없는 나라를 세워야 할 것이며 여기에서 노동정책의 근본이념을 찾을 때에 우리는 이 중대한 명제의 과감한 실천이 없이 새 나라를 구상할 수 없음을 깨닫는 자이다. 그러므로 무엇보다도 먼저 노동자는 기아를 면할 정도면 좋다는 그릇된 생각을 청산할 필요가 절실한 것이다. 중요 산업은 국유로 될 것이매 정부의 시책 여하로 일률화(一律化)할 수 있으려니와 중소 산업에서도 경영자보다 노동자는 불행할 이유가 제거되어야 마땅할 것이다.

노임만 하더라도 그 최저액을 여기 숫자로 제시하기는 오늘의 화폐 사정이 허락치 아니하지마는 우리는 적어도 한 가족이 한 주일에 두 번 이상

육식을 할 수 있는 생활, 열흘에 한 번쯤은 극장에 갈 수 있는 생활, 작업복과 통상복을 따로 입을 수 있는 생활, 신문 잡지 일종(一種)을 사 볼 수 있는 생활, 여름의 한 주일쯤은 가족과 더불어 산이나 바다에 갈 수 있는 생활에 적합한 임금이어야 할 것을 생각한다.

생명보험에 의하여 유가족의 생활도 보장되어야 하려니와 이것이 또한 양로보험으로서 노동력을 잃은 노경(老境)의 생활이 보장되어야 할 것이다. 작업 중의 부상에 대한 치료와 불구자가 적응하는 생활의 방책을 보장하여야 할 것이며 실업자도 살 수 있는 시책이 요청되는 것이다.

14세 이하의 소년 소녀에게는 오직 교육받을 권리가 있을 뿐이요 노동을 팔지 않으면 안되는 사태는 물론 없어야 할 것이려니와 한걸음 나아가서 14세 이상의 소년 노동자에게는 일면(一面) 노동 일면 교육의 시설이 필요할 것이다. 적어도 공민권(公民權)을 행사할 수 있는 나이가 되기까지는 그들은 가령 낮에 노동을 할지라도 밤에 배울 수 있는 기회가 확보되어야 한다.

그러므로 14세 이상 21세까지의 노동자를 위하여 국가는 그들에게 기술 교육을 받을 수 있는 학교와 시간을 허여(許與)하여야 할 것이다.

이것은 결단코 노동자 그 개인의 향상만을 위하는 것이 아니라 민족 전체의 발전을 안목에 두는 것이며 이렇게 아니하고서 우리의 후진성은 극복될 수 없는 것이기 때문이다.

노동자에게도 모든 자유와 권리가 확보되어야 한다. 그들은 자기가 원하는 노동조합을 선택할 권리가 있어야 하고, 사상의 공명자(共鳴者)를 구하고 단결하는 권리가 있어야 하고, 이 단결력에 의하여 자기들의 권익을 옹호할 수 있는 권리가 있어야 한다. 생각이 여기 미칠 때에 우리는 현하의 정정(政情)과 장차 나타날 정부의 형태와 노동자 사상 지도(思想指導)를 심심히 고려하지 않을 수 없다.

필자는 오늘날 정치 지도자들이 핑계를 노동운동에 붙여서 혹은 광범한 대중의 조직화에 붙여서 순진한 노동인들을 정쟁의 도구로 삼고 있음을 누누히 지적한 바가 있거니와 이러한 현상을 일시적 과도현상이라고 보기에는 나라가 선 뒤에도 상당히 장기간을 계속하지 않을까 우려되는 바이다. 이들 그릇된 지도자들은 양의 껍질을 쓰고 노동인들의 손목을 잡고 각기 자기의 정적을 적으로 알도록 사주하고 있다. 그리하여 같은 노동자이면서 다 같이 주장하여야 하는 공통한 조건하의 환경에 있음에 불구하고 이들은 두 쪽으로 갈라져서 싸우고 있다. 물론 이것은 사실상으로 근로대중 전부가 분명히 두 갈래로 갈라진 것도 아니다. 우리의 목도하는 바에 이들의 대부분은 이러한 싸움에 싫증이 난 지 이미 오래다. 그럼에도 불구하고 백 명 있는 직장에서 열 명쯤이 싸우면 싸우는 이 열 명의 생산력이 아주 없어지는 것은 물론이요 나머지 90명의 능률도 저하되고 마는 것이다. 말은 모두가 직장을 지키고 생산능률의 앙양에 있다 하나 서로 미워하는 습관이 생기고 서로 감시하고 서로 멸시하고 서로 의심하는 습관이 생겨서 이들은 화협(和協)하지 못하며 그 때문에 서로 있는 힘을 짜내고 서로 도와도 될까 말까 한 능률 향상은 반대로 저하의 일로(一路)를 밟고 있는 것이다.

이 책임은 단연코 정치인들에게 돌려야 한다. 이들은 파쟁에 급급한 나머지 생산력의 저하를 고려할 냉정을 잃은 것이다.

그러나 정쟁은 아무때고 그칠 수는 없는 것이며 또 있을 수밖에 없을 때에 우리는 이러한 생산력 저하를 어떻게 방지할 것인가를 생각하지 않으면 안 될 것이다.

그 방법은 무엇인가? 사상의 자유를 다시금 강조함으로써 내 사상이 자유이듯이 저편의 사상도 자유인 것을 허(許)할 것이며, 남의 사상을 증오하며 테러에 의하여 그를 제압하거나 중상이나 모략에 의하여 고립시키려는 비열한 지도를 중지하여야 할 것이다. 이들의 이러한 지도 방식으로 인하여 순진한 근로자들의 두뇌가 불순하게 복잡하여 가는 현상은 확실히 비극이며 민족의 위기를 조장하는 것이다.

구체적으로 지적하면 어디에서나 두 개의 노동조합이 있을지라도 이들은 각기 자기 조합이 더 좋은 조합, 자기 조합원이 더 생산하는 근로자인 것을 자랑하고 이것을 명예로 걸고 싸울지언정 주먹과 몽둥이로 보복을 반복하는 지도 방침을 단연코 고치라고 요청한다. 원하거나 원치 않거나 좌우의 세력이 있는 바에는 피차에 상대방을 긍정하지 않을 수 없을 것이다. 그렇다면 이 상대방을 긍정하는 것은 상대방의 활동을 침해하거나 제압하지 않는 것일 때에 지금까지 근로대중을 정쟁의 도구로 삼고 이로 인하여 귀중한 생산력을 헛되이 소모시키던 과오를 청산하지 않으면 안 될 것이다.

그러므로 사상적으로는 비록 갈려 있다 하더라도 능률 앙양에서는 공통되어야 할 것이며, 경영자는 직장에서마다 우수한 노동자를 공평히 골라서 표창하고, 다시 그것이 공장 전체에서 우수한 자를 골라내고, 다시 국가적으로는 산업별 지역별의 우수한 자를 뽑고, 마침내 전국의 산업별 우수 노동자에게 국가로서의 명예를 보내며 그 기록을 돌파하고 더욱 향상케 하는 시책이 요청되는 것이다.

이리하여 일할수록 보수와 명예가 돌아오고 생활은 윤택하여진다는 것을 국가는 확고한 시책으로써 보장하여야 한다. 이러한 견지에서 우리는 노동시간을 생각할 것이다. 8시간 노동제가 당연함은 물론이나 우리는 오늘의 1시간이 민족 장래의 1년·10년에 필적하는 귀중한 시간임을 깨달을 필요가 있다. 하물며 우리는 과거 일제의 호사를 위하여 휴식 없이 피와 땀을 흘리고야 겨우 아사(餓死)를 면하였던 것을 기억할 것이며, 오늘 우리가 흘리는 땀은 그것이 그대로 나라를 위하는 것임을 인식하면, 8시간제의 이상에만 황홀하는 것은 생각할 문제인 것이다.

그러므로 내 생활을 위한 8시간의 노동 외에 나라에 바치는 '1시간' 혹 '2시간'을 설정할 것을 생각해 볼 필요가 있는 것이다.

이리하여 전 인민이 근로하는 나라를 세워야 한다. 근로하되 유쾌히 근로할 수 있는 나라, 안심하고 근로할 수 있는 나라, 배우면서 근로할 수 있는 나라, 명예롭게 근로할 수 있는 나라를 세워야 한다.

시급한 기술 교육

— 1947년 6월 30일, 『새한민보』 제1권 제2호

　새 나라가 생산하는 나라가 되려 할 때에 우리는 무엇보다도 우리 자신을 돌아보아 기술의 부족을 통감하게 된다.

　장구한 봉건적 농본 시대를 거쳐서 기술을 무시하고 기술자를 학대하다가 망국의 쓰린 맛을 본 것은 남이 아니라 바로 우리 자신이며 일제하 40년의 노예적 교육정책은 기술 분야에의 우리의 진출을 막아 버렸던 것이다.

　우리는 이제야말로 흙의 노예로서도 해방되어야 한다. 그러기 위하여 새 나라는 공업 입국을 생각하여야 하며 그러기 위하여 우리는 기술 교육이 끽긴(喫緊)함을 느끼는 것이다.

　우리가 믿는 한 자주력은 생산력에 정비례하는 것이다. 그러므로 우리가 아무리 자주독립을 조급히 바라지마는 그것이 완전 자주독립이 되기 위하여는 완전 자주 생산의 조건이 기초적이다. 그래서 기술인의 생산이야말로 완전 자주독립을 원하는 그만큼 간절히 요구되는 것이며 완전 자주독립이 시급한 그만큼 시급한 과제이다.

　우리는 일찍 누구보다도 먼저 활자를 가졌고 비행기를 가졌고 거북선을 가졌던 것을 기억한다. 그러나 이것이 우리 조상의 자랑일지언정 결단코 지금 우리의 자랑은 못 되는 것이며 마땅히 이것을 지녀 가지지 못한 부끄러움을 느끼는 것이다. 이제부터 우리는 이 부끄러움을 씻어 버려야 하며 조상의 좋은 천재(天才)를 우리도 발휘하여야 한다. 여기서 우리는 우리 자

신이 천품(天稟)의 우수한 두뇌를 가진 역사의 유민(遺民)인 것을 다시금 자각할 것이다.

일제가 아무리 조선 안에서 조선 사람의 발전할 길을 막았지마는 국외에 가서 권위를 얻고 돌아온 이태환(李泰煥), 유재성(劉在晟) 같은 이나 그렇게도 저희만 잘났다고 하는 일인(日人)의 틈에서도 세계에 이름을 떨친 이승기(李升基)*, 이태규(李泰圭)** 같은 보배를 우리가 가진 것을 생각할 때에 이제 인민 전체에게 평등한 길을 주고 우수한 자에게 격려를 줄 수 있는 제도의 여하로 우리는 조상의 자랑을 우리 자신이 자랑으로 할 수 있을 것을 믿는 것이다.

미소공동위원회도 장차 조선이 민주주의 독립국가로서의 교육정책에서 경제와 정치 기관에 필요한 직위에 배치할 조선인 전문가와 기술자 훈련 양성에 관한 자문을 정당 급(及) 사회단체에 보내고 있다.

우리는 이에 앞으로 우리나라의 교육은 기술 교육에 중점적이기를 요구한다. 기술을 명예로 아는 나라, 기술자를 많이 가진 나라를 목표로 일인일기(一人一技)를 누구나 가진 나라가 될 수 있는 교육정책을 실천하는 정부

---

* 이승기(李升基, 1905-1996) 과학자. 비닐론 섬유 발명으로 유명하다. 서울의 중앙고보와 일본 마쓰야마 고등학교를 졸업한 후, 교토대학 공학부에서 수학하면서 공학박사 과정까지 밟았다. 1937년 교토대학의 조교수가 되었고, 1939년 같은 대학에서 박사학위를 받았는데 그 주제가 합성섬유 비닐론의 발명에 관한 내용이었다. 해방 후 서울대학교 초대 공과대학장에 취임했으나, 한국전쟁 직후 월북했다. 고분자과학 역사 초기의 세계적 과학자였다는 평가를 받고 있다.

** 이태규(李泰圭, 1902-1992) 화학자. 경성고등보통학교와 히로시마고등사범학교를 거쳐 교토대학 화학과를 졸업했다. 1931년 촉매에 관한 연구로 박사학위를 받았고, 1937년 한국인 최초의 교토대학 조교수에 임명되었다. 해방 후 서울대학교 문리과대학 초대학장에 취임했으나 좌우익투쟁에 환멸을 느껴 1948년 미국으로 갔다. 25년 동안 유타대학 교수로 재직하면서 많은 성과를 내면서 노벨화학상 물망에 오르기도 했다.

를 요구한다.

그리하여 흙의 노예로부터 흙의 정복자가 되어야 하며 자급자족할 지하 자원을 남을 위하여 캐내는 노무자가 아니라 이것으로 새 나라의 생산하는 국민이 되고서야 비로소 이 강토는 우리의 강토이며 이 땅의 소유는 모두가 우리의 소유일 수 있는 것이다.

응분(應分)의 애국

— 1948년 2월 15일, 《평화일보》

나라와 민족을 사랑한다는 것은 지극히 당연한 일이면서 또 지극히 힘드는 일이다. 그래서 어떤 나라 어떤 시대에나 신명(身命)을 나라에 바치는 그러한 뛰어난 애국자가 나는 것은 그다지 흔한 일이 아니며 또 흔할 수도 없는 것이다.

그러나 한 나라 한 민족이 그 생명을 지속하며 번영하는 데는 전 민족의 애국 애족의 지정(至情)이 있고서만 가능한 것이므로 모두가 신명을 나라에 바치는 애국자는 못 된다 하더라도 그렇게 뛰어난 애국자를 귀감으로 삼아 각기 응분의 애국자가 되어야만 하는 것이다.

이 응분의 애국이란 무엇인가? 각기 자기 자신으로 하여금 책임 있는 민족의 일원이 되게 하는 것이다. 우선 나부터 거짓말을 아니함으로써 신용있는 민족의 일원이 되며 나부터 내 직책에 성실하고 근면함으로써 성실하고 근면한 민족의 일원이 되면 이 민족은 번영할 것이다. 결국 애국이란 별것이 아니라 각기 자기 맡은 직책을 성실히 완수하는 것이다. 그러므로 누구나 제 직책을 성실히 완수하지 못하면 그것이 부끄러운 일이지 성실히 완수하는 그것은 지극히 당연한 일로서 구태여 자랑할 필요까지 없는 일이다.

그런데 지금 이 땅에는 내가 애국자라고 크게 떠들고 돌아다니는 사람이 많다. 나는 내 처자를 사랑하노라고 떠들고 자랑하는 것이 싱거운 일이듯이 내 나라 내 민족을 사랑하노라고 떠들고 자랑하는 것도 싱거운 일이다. 하물며 이렇게 입으로 애국을 떠드는 사람의 대개는 제 직책을 성실히 근면하게 완수하는 사람보다 그러하지 못하는 류(類)에 속하는 것이 사실이다. 애국이라는 것은 절대로 웅변적 연설로 설명되는 것은 아니다. 어디까지나 실천을 통해서만 진정한 애국은 증명되는 것이다. 그 실천이 별것이 아니라 자기 맡은 직책을 꾸준히 다하는 그것이다. 이러한 실천이 없이는 아무리 애국적 연설을 사자처럼 웨칠지라도 이것은 아무 소용없는 일이요 공연한 소음만 더하는 것이다.

여기 질서의 혼란이 있다. 떠들기만 하는 애국자들 때문에 제 맡은 직책을 다하려는 사람의 성실까지 방해를 받게 된다. 무엇보다도 분명한 하나의 사실은 지금 우리보다 부강하고 질서 있고 평화와 자유를 누리는 다른 나라에는 우리의 요새처럼 떠드는 애국자는 없고 제각기 제 맡은 일을 성실히 하는 그런 사람들이 많다는 그것이다.

"최선의 애국은 성실한 공민(公民)이 되는 것이다."라는 말은 역시 최선의 철리(哲理)라고 믿는다.

인격 혁명의 생활화

─ 흥사단 33주(周) 기념일에

─ 1947년 5월 13일

우리는 지금 새 나라를 세우는 도정에 있습니다. 이 새 나라는 우리의 역사상 처음으로 나타날 민주주의국가이며 앞으로 이 국가가 하게 될 정치는 인민에 의하여 인민을 위한 인민의 정치라는 것을 생각할 때에 이 건국 대업의 책임은 어느 한두 명 지도자나 어느 일당 일파의 주관에 의해서 될 것이 아니라 삼천만 전 인민의 정열과 지혜와 노력을 기울여서만 가능하다고 믿습니다.

흔히 말하기를 우리나라의 독립은 국제적 보장이 있다고 합니다. 그러나 오늘날 국제 정세가 조선 독립을 필요로 하는 것과, 우리 자신이 우리 독립을 필요로 하는 것과는 엄정히 구별해서 인식할 필요가 있습니다. 제2차 세계대전 이후 열강은 그 세력권을 재편성하면서 군사적 요해지(要害地)로서의 이 조선을 어느 한 나라의 간섭이나 세력하에 두기를 원치 아니하며 그러한 방법으로서 조선의 독립을 필요로 하는 것입니다.

그러므로 열강은 그들의 세력 균형과 필요 여하에 따라서는 조선의 독립 문제가 큰 문제일 수도 있고 작은 문제일 수도 있습니다. 솔직히 말하면 그들의 입장으로서는 경우에 따라서는 한 약소국가의 독립이 필요할 수도 있고 또 무시할 수도 있습니다.

다시 말하면 열강은 조선 독립이 없이도 그들은 번영할 수 있으며 오늘날의 평화가 무장 평화인 한에서 조선 독립이 없어도 그들은 평화를 누리는 방법이 있을 수 있습니다.

그러나 우리 자신의 처지에서 본다면 우리가 독립해야 할 필요는 절대적입니다. 우리는 독립이 없이 번영할 수 없으며, 우리의 독립이 없이는 우리에게는 평화가 없습니다.

그렇건마는 국제 정세가 우리를 독립시켜 주리라고 해서 그저 가만히 앉아 있거나 기왕 되는 독립이니 정권이나 잡아 보자고 세력 다툼이나 하고 있어서 되는 것입니까? 역시 우리는 우리가 필요한 독립을 얻고 우리가 필요한 독립을 유지하기 위하여 독립국가로서 필요할 모든 조건과, 자유를 누릴 수 있는 국민으로서의 모든 자격을 갖추지 않으면 안 될 것입니다. 설혹 국제 정세가 어느 때 어떻게 변할지라도 우리의 독립에는 변화가 없을 만큼 우리 자신의 자격을 향상시키지 않으면 안 될 것입니다.

조국의 독립을 위해서 육십 평생을 바친 도산 안창호 선생은 민족 혁명의 선결 조건으로 국민 각개의 인격 혁명을 역설했습니다. 이 인격 혁명에 의한 자아 해방의 실천이 없이는 민족 혁명, 민족 해방은 불가능하다고 했습니다. 그래서 우리나라의 오랫동안 정치적 부패와 사상적 퇴폐로 인하여 남의 민족에게 뒤떨어진 근본 원인을 뜯어고치는 데 힘을 기울이자 했습니다. 즉 "실질(實質)을 숭상하며 믿음직하며 피차에 자기 직무를 완전히 수행하며 서로 뭉칠 줄 알며 국가 사회에 심부름꾼이 되자."

이렇게 그는 부르짖은 것입니다. 이것이 성공하는 날이라야 우리 민족의 진정한 독립과 번영이 있다고 믿었습니다.

도산 선생은 이러한 이념을 가지고 흥사단 운동을 일으켰던 것입니다. 흥사단의 이념은 조선 민족을 패망에서 건져내서 자주독립하기 위해서 그 기본 역량을 기르고 이 기본 역량을 항구적으로 튼튼하게 하여 가는 운동을 실천하자는 것입니다.

그러면 그 기본 역량은 무엇인가? 우리 국민 하나하나가 모두 건전한 국민이 되고 그리해서 우리 국민성에 후천적으로 생겨난 여러 가지 결함–게으른 습관, 거짓말하는 습관, 제가 잘되기를 힘쓰지 아니하고 남이 잘된 것을 시기하는 습관, 단결할 줄 모르고 파당(派黨) 짓는 습관, 자기가 자기를 훌륭히 만들지 아니하고 그냥 남이 훌륭히 봐주기를 바라는 습관–이 따위 습관을 모두 청산하고 우리 민족 본래의 우수한 모든 점을 발휘하자는 데 있습니다. 이것이 흥사단의 독자적 사명이요 이 단체가 존재하는 의의입니다.

그러므로 흥사단 운동의 출발은 우리 민족의 후천적 결함을 청산하자는 것이요, 이 운동의 핵심은 우리 민족의 선천적 우수한 성격을 발양(發揚)하자는 것입니다.

일제가 우리 민족의 모든 우수한 점을 말살하려는 데 광분하였기 때문에 이 운동은 더욱 필요하였던 것이며 마침내 중일전쟁이 나던 해에 국내에 있던 단원의 대부분이 감옥으로 끌려가고 도산 선생도 이때에 옥중에서 얻은 병으로 인하여 순국하신 것은 누구나 아는 것입니다.

이제 우리가 일제의 폭압에서 벗어나서 새 나라를 세우려 함에 이 운동은 역시 절실하게 필요한 바가 있습니다. 그것은 우리의 민족 해방이 우리 각개 국민의 인격 혁명, 자아 해방의 결과로서 된 것이 아니라 국제 정세와 열강의 세력권 재편성의 덕택이기 때문입니다. 우리 스스로가 독립국가와 자유민으로서의 기본 역량을 가지지 못하면 설사 국제 정세가 우리를 독립시킬지라도 이것은 기초가 튼튼한 독립이 못 되는 것이며 이러한 독립은 국제 정세와 열강 세력의 변동에 따라서 있을 수도 있고 없어질 수도 있는 것입니다. 그러므로 우리가 한 나라를 세울 수 있는 이 계제에 우리는 우리의 기본 역량을 발휘하도록 노력해야 하며 이 노력을 완전히 생활화하지 않으면 안 되리라고 믿습니다. 국민 각 개인이 모두 이렇게 실천하고 완전히 생활화하자는 것입니다.

이 기본적 이념하에 삼천만 동포에게 특별히 강조하고자 하는 바는 –

첫째, 우리가 독립국민의 자격을 찾으려면 먼저 거짓말을 버리고 다 각기 성실을 생명으로 삼는 사람이 되자 하는 것입니다.

새 나라를 세우기 위하여 우리가 모두 주춧돌이 될 각오라 하면 마땅히 우리 자신에 조금이라도 흠이 있어서는 생겨날 새 나라가 흠 있는 나라라는 것을 깨달을 것입니다. 우리 자신에는 아직도 많은 허위가 있고 아직도 성실이 부족합니다. 이래서는 한 나라의 주춧돌로서는 자격이 모자란다는 것을 깊이 반성하십시다. 오늘날과 같이 우리 사회에 강기(綱紀)가 문란한 적이 또 언제 있었던가를 깊이 반성하십시다. 오늘 하루 나는 내 직장에서 내 직무에 충실하리라고 아침마다 기약할 것이요, 과연 그러하였는가를 저녁마다 깊이 반성하십시다.

"밥을 먹어도 민족을 위하여 먹고, 잠을 자도 민족을 위하여 자라."고 한 도산 선생의 말씀이 지금처럼 절실히 요구되는 때도 없다고 생각합니다.

우리는 지금 한때라도 자기 마음의 고삐를 늦춰서는 아니 될 때입니다. 그런데 확실히 많은 사람들이 각기 자기 책무에 기울여야 할 시간과 정력과 지혜를 이간(離間)과 중상과 모략에 낭비하고 있습니다. 우리 중에서 참된 사람, 믿븐 사람, 아무 소리 없이 제가 맡은 책임을 다하는 사람이 하나라도 더 생겨나는 것이 독립으로 한 걸음 더 나가는 것인 줄을 통절히 깨달으십시다.

둘째, 우리는 들뜬 마음을 가라앉히고 착실로 돌아가십시다.

허장성세가 요란하여 진실한 애국자와 지도자의 소리가 민중의 귀에 들어가지 못하고 있습니다. 저마다 잘났다는 생각, 남은 모두 나만 못하다는 생각을 버리십시다. 옛날도 옛날 인류가 아직 원시림 속에서 살던 야만 시대에나 행세하던 폭력 행위와 이런 폭력 행위를 교사하는 일을 그만두십시다. 청년들의 힘, 근로인들의 노력을 이런 일에 허비하지 말고 진실되게 조국의 산업 부흥을 위하여 유용하게 쓰도록 하십시다. 생산이 없고 과학이 없고 기술이 없이 폭력과 중상과 모략만 가지고 어떻게 나라가 설 수 있습니까.

셋째, 조그만 의견으로 갈라지는 것을 버리고 대동단결하십시다.

우리 민족의 각 개인은 세계 어디에 내어놓아도 모두 우수한 두뇌와 기능을 가졌습니다. 그렇건마는 우리가 남만 못한 이유는 무엇입니까. 쪽쪽이 헤어진 잘난 개인보다 단단히 뭉친 범인의 조직체가 더욱 힘있는 증거입니다. 세 사람만 모이면 싸우고 갈라지는 습성을 버리십시다. 뜻은 모두 비슷비슷하면서 간판은 다르게 내어 거는 습성을 고치십시다. 반대편의 의견도 귀를 기울여서 그쪽에도 진리가 있고 성실이 있고 그들도 애국의 지정(至情)으로 내 편의 부족한 점을 반대하는 줄 이해하십시다.

이상 세 가지는 우리 국민이 반성하고 깨닫고 뉘우치고 고쳐 나갈 여러 가지 중에도 가장 큰 것 세 가지입니다. 물론 이러한 모든 결점을 고쳐야 한다고 사람마다 말하고 있습니다. 그러면서도 고쳐지지 않고 있습니다. 그 까닭은 각자가 자기는 고칠 것이 없고 다른 사람이 고쳐야 한다고 생각하는 데 있습니다.

나부터 고치십시다. 나부터 실행하십시다. 나부터 내 인격의 혁명을 위하여 노력하며 나 자신부터 이러한 모든 결함에서 해방되어야 합니다. 이렇게 하면 우리 각 개인은 제각기 제가 맡은 자리에서, 집에서나 상점에서나 공장에서나 사무소에서나 각각 우리나라의 건국을 위해 저 맡은 큰 공헌을 할 수 있는 것입니다.

오늘 5월 13일은 지금부터 33년 전인 1913년 흥사단이 창설된 날입니다. 이날을 기념하는 뜻으로 흥사단이 33년 간 일관해 온 주의(主義) 정신—그중에도 가장 중요한 세 가지 조건을, 나부터 고쳐서 나가자는 자아 혁신의 필요를 다시 한번 동포들께 호소하는 바입니다. 세 가지 조건은 무엇입니까.

첫째, 참된 국민이 되자. 둘째, 실질(實質)을 숭상하는 국민이 되자. 셋째, 뭉칠 줄 아는 국민이 되자. 이 세 가지입니다.

부러운 승리의 날
─ 미국 독립기념일에
─ 1947년 7월 4일, 《만세보》

지금 이 붓을 드는 창 밖으로 미국 독립 기념의 미군 행렬이 지나가고 있다.

저 프랑스혁명과 함께 18세기에 인류 역사에 불후(不朽)의 금자탑을 쌓아 놓은 미국의 독립은 미국 국민만의 승리가 아니요 실로 봉건주의에 도전한 민주주의의 승리로서 기념되고 축하될 수 있는 대사실이며 그래서 우리도 이날을 축하하는 것이다. 그런데 우리는 예의적(禮儀的)으로 이날에 축의를 표하기보다도 선망의 눈으로 이 행렬을 바라보는 것이다. 결코 결단코 삼엄한 기계화부대의 행렬을 부러워하는 것은 아니다. 솔직히 말하거니와 현재의 우리는 그 기계화부대를 부러워할 능력도 없고 또 필요도 없는 것이다. 다만 이 행렬에 참가한 미국인들의 자유로운 표정과 자주 독립을 자력으로 전취(戰取)한 승리자의 긍지가 한껏 부러운 것이다.

그들은 여러 나라의 자손으로서, 한 나라를 세우기 위하여 단결하였고, 융합하였고, 용감하게도 압박에 대항하였다. 그래서 그들은 승리하였거니와 그 승리의 기초가 인권 옹호에 있었고, 그리고 인민에 의하여 인민을 위한 인민의 정치를 실천한 데서 그들의 승리는 당면의 적으로부터 인류의 적을 타파함에 이르렀고, 그래서 그들이 오늘 일제의 철제(鐵蹄)하에 유린되던 이 땅, 이 서울에도 이른 것이다. 우리는 지금 우리의 처지를 굽어보며 이것을 부러워하는 것이다. 적의 압박으로부터 해방은 되었으나 그것은 우리의 자주력에 의한 전취는 못 되었다. 장차 독립국으로서의 국제공약이 있으나 이 국제공약도 우리의 자주력에 의한 전취는 못 되었다.

방금 재개 중에 있는 미소공위가 우리의 자주력에 의하여 추진되는 것도 아니다. 그런지라 상서롭게 태동하는 임시정부도 우리의 자율적인, 자주적인 설계에 의한 것이 못 되고 미소의 노력에 힘입음이 더욱 큰 것을 느낄 때에 우리는 저 위대한 민주주의의 승리자 자주력에 의하여 한 나라를 세운 긍지를 부러워하지 않을 수 없는 것이다.

그러나 우리는 우울할 필요는 추호도 없다. 우리의 오늘 새 나라 새 역사를 빚어내는 진통이 비록 격심할지라도 우리에게는 기필코 빛나는 승리의 날이 있을 것을 믿는다. 오늘에 비록 봉건의 잔재, 일제의 잔재가 발악한다 하지마는 그것은 아직 날이 새기 전의 잠깐의 어둠이요 우리에게는 반드시 새날의 밝은 빛을 볼 때가 불원(不遠)에 있을 것을 믿는다.

더 좋은 민주주의의 나라를 우리는 세우려 한다. 그리고 세워야만 한다. 그래서 우리는 지금 싸우고 있거니와 반드시 우리의 얼굴에서도 영년(永年)의 우울을 불식하고 저들보다 더 좋은 민주주의를 누리는 긍지를 가질 날이 있을 것을, 그날이 멀지 않은 것을 믿는다. 우리도 불원하여 저들과 같이 자유로운 표정과 자주독립을 누리는 인민으로서 이런 기쁜 행렬을 하는 날이 있을 것을 믿는다.

재개 공위 전망
(再開共委展望)

— 1947년 5월 1일, 『민성(民聲)』 제3권 제4호

새 나라는 농민의 아들, 노동자의 아들이 마음대로 배울 수 있고, 마음대로 유쾌히 안심하고 근로하며, 이들의 손에서 새 문화가 창조되고 새 역사가 발전하여야 한다.

5월 20일에 미소공동위원회가 속개되리라는 것은 아직은 확정적이 아니라 한 개의 가능성에 불과하다.

　그러나 꼭 이번의 5월 20일이 아니라 할지라도 공위는 열리는 날이 있을 것이다. 설사 미소의 알력과 상극이 현재 이상으로 심각화하는 수가 있을지라도 공위라는 구체적인 기관을 통하여서 구체적으로 심각화할 이유가 양성(釀成)되리라는 관점에서 더욱 그러하다. 왜냐하면 조선 문제에 대하여 미소 간에는 합치하는 한 개의 원칙과 합치하기 어려운 또 한 개의 원칙이 있다. 즉—조선을 자주독립국가가 되도록 원조하자는 것은 합치하는 원칙이요, 자주국가가 되되 미(美)는 미가 원하는, 소(蘇)는 소가 원하는 자주국가가 되게 하려는 것은 합치하기 어려운 원칙이다. 이 두 가지 원칙이 모두 공동위원회의 성공과 실패로써 나타날 것이므로, 미소가 협조하기 위해서도 공위는 속개될 때가 있을 것이요, 미소가 현재의 상극을 더욱 발전시킬 깊은 의도가 있을지라도 역시 공위는 속개될 날이 있을 것이다.

　다만 전자의 경우는 상호 양보로써 타협과 성공을 전제하는 속개요, 후자의 경우는 피차 고집으로 결렬과 실패를 전제하는 속개일 것이다.

　그렇다면 이번 공위 속개의 가능성을 확실시하는 가상하에서 볼 때에 어떤가? 위험한 예측이나 이번 속개도 불행히 후자의 경우에 속하는—실패를 전제로 하는 것이 아닐까 두려워하는 바이다. 그러나 우리가 이 후자의 경우를 가상하는 것은 그렇게 되기를 희망하여서가 아니라 그렇게 될까 봐를 우려하는 것이라야 할 것이다.

그렇지만 지금 일부에는 이 공위 속개를 코웃음 치는, 의례히 실패할 것으로, 심지어 실패하여야 마땅할 것으로 여기는 편이 있음을 본다. 공위가 실패되어야만 남조선에 단독정부가 설 것이요 그래야 정권도 잡을 수 있고 호사도 할 수 있을 것을 꿈꾸는 사람들이다.

이것이 마땅한가? 미소가 아무리 우리의 독립을 원조한다지만 그들은 조선을 위하여, 조선의 독립을 생각하기보다는 그들의 세계정책이 조선 독립을 필요로 하기 때문이다. 그런지라 그들이 각기 설계하는 조선의 독립은 조선인이 조선 민족의 입장에서 갈망하는 독립과는 그 질이 현수(懸殊)할 우려조차 없지 아니하다. 하물며 반(半) 부분 조선에 대한 단독 조치(單獨措置)에 있어서랴. 이것을 우리가 갈망하는 독립으로 이끌어 오는 방도는 무엇인가? 우리 스스로의 이념의 확립이다. 그럼에도 불구하고 무슨 꿈들을 꾸는가. 공위를 성공시키자는 편은 소련의 주장대로 성공시키자는 것이요, 실패를 예기하는 편은 미국의 단독 조치를 희망하는 때문이다.

미국이 싫어할지라도 우리는 소련의 주장에도 경청할 요점이 있으며, 소련이 싫어할지라도 우리는 미국의 원조를 받아야 할 충분한 이유가 있다. 그러하다면 우리는 공위가 어느 향방으로 가려 하거나 우리 스스로 공위가 우리의 희망하는 이념대로 성공하기를 바라야 하며, 주장하여야 하며, 노력하여야 할 것이다.

그런데 이번에 공위가 속개할지라도 실패할 가능성을 예측하게 되는 불행한 사태는 미소의 알력뿐이 아니라 우리의 분열에서 더욱 양성되고 있음을 지적하는 바이다.

공위(共委)에 여(與)함

— 1947년 7월 1일, 『민성』 제3권 5 · 6합병호

세계는 평화를 축원(祝願)하고, 미소는 전쟁을 불원(不願)하며, 조선은 독립을 염원하고 있다.

조선이 독립을 염원하는 간절한 심정은 미소의 전쟁을 불원하는 심정에 통하는 것이며, 세계의 평화를 축원하는 심정에 연결되어 있다. 그럼에도 불구하고 우리는 우리의 독립을 위하여 매양 미소의 세력 균형을 정확히 계산하지 않으면 안 된다는 기구한 처지에 놓여 있다. 이것은 확실히 비극이다.

이 비극의 주인공은 일찍 일제의 궤멸과 함께 얻은 해방의 감격에서 어느새 환멸을 느끼고 생존을 위하여 다시금 해방자로부터의 제2해방을 읍소(泣訴)하고 있는 중이다.

미소는 그 공동의 적을 접복(慴伏, 두려워 굴복함)시키기까지의 최대의 우의(友誼)와 협조를 새 세계 건설에까지 그대로 연장시키기에는 그들 각자의 세력상 균형의 재검토가 필요하였거니와 이리하여 유럽의 약소국에서와 같이 조선에서도 미소는 무력에 의한 엄연한 장벽으로 대립되어 있고 이 장벽에 의하여 조선은 분단된 채 그대로 있다. 우리는 일제하 노예시대에도 강토는 분단되지 아니하였더니, 적을 추방하고 우리를 해방하여 준 정의의 사(師)에 의하여 허리가 끊어져 은원(恩怨)의 착잡한 감정 속에서 참을 수 없는 고통을 참아 오고 있었다.

공위가 재개된 오늘날 우리는 새삼스럽게 1년 전 공위 결렬의 책임이 수하(誰何)에 있었는가를 캐려고는 하지 않는다. 다만 이 암중모색의 휴회(休會) 중에 우리는 얼마나 더 심각한 불행을 체험하였다는 것을 기억함으로써 족할 것이다.

그런지라 이제 우리는 어떻게 하여서든지 이번 공위는 성공하기를 바랄 뿐이다. 이것이 성공하여야만 조선이 독립할 수 있다는 점에 대하여 그렇지 아니하게, 어느 일방의 압력에 의한 승리를 기대하는 사대론(事大論)을 듣지 않음이 아니나, 공위가 성공하여야만 미소는 협조할 수 있고, 미소가 협조하여야만 전쟁을 회피할 수 있고, 전쟁을 회피하여야만 세계는 평화 세계를 재건할 수 있고, 이 평화 세계에서만 무력(武力) 없고 경제력 없는 약소민족 조선의 독립이 가능하다는 것을 생각할 때에 여기서 공위 성과는 세계사적 의의를 갖는 것이라 할 것이다.

공위는 우선 임시정부 구상에 착수하고 협의 대상으로서의 조선인 정당과 사회단체를 광범위로 참가시키자는 합의에 도달하여 있다.

탁치 문제와 민주주의 해석에 매달려서 참가를 주저하는 우익 측도 시비는 여하간에 이미 '남북통일을 위하여'라는 명분을 발견하였으매 그 진의는 명분에 있거나 정권 참여에 있거나 어쨌든 공위 참가에 대세가 기운 것이 작금의 정세로서 이에 미루어 자차분한 곡절은 유무(有無) 간에 공위의 임정 수립 사업은 진척될 것으로 믿을 만하다. 여기 조선 인민의 바라는 바는 장차 구성되는 조선의 임시정부는 미소 양 세력의 세계정책을 위한 기관이 아니라 진정한 조선의 독립을 위한 임시정부이기를 바라는 그것이다.

아주 까서 솔직히 말하라면 우리는 조선을 위하여 조선 인민의 정부를 희망하는 것이요 결코 어느 한편의 고집이거나 두 편의 합의이거나를 불구하고 괴뢰는―적어도 괴뢰적인 정부는 희망치 아니하는 것이다. 우리는 이러한 의구를 꿈에도 가지지 아니하려 하지마는 그러나 우리는 일찍 일본의 세력하에 청국(淸國)으로부터 종주권을 찾아 독립국의 허울을 썼던 경험이 있으며 그 독립인즉 한일합병의 전제였던 기억을 술회할 수 있다고 생각하는 자이다.

삼상회의 결정이 조선 독립을 위한 구체적 보장이라고 우리는 듣고 있다. 이제 압박자의 철쇄로부터 풀렸을 뿐인 이 약소민족이 장차 자립 자주하기 위하여는 열강의 원조가 필요한 것도 알고 있다. 하물며 오늘날 국제 정세와 군사적 요충으로서의 우리 국토의 지리적 운명과 미소 간에 석연(釋然)할 수 없는 피차의 경계와 견제가 탁치 문제로 구체화한 것을 이해하는 자이다.

그러나 이해하는 태도와 감수하는 태도는 구별되어도 무방하지 아니한가. 우리는 비록 오늘날 열강의 힘에 의하여 해방된 약소민족이지마는 그러나 우리는 자주 자립할 욕망에 불타고 있는 것이다. 탁치가 아무리 우리를 원조하기 위한 조처라 하더라도 우리의 엄연한 민족적 감정은 탁치를 혐오할 수밖에 없는 것이다.

물론 우리는 탁치를 거부하고 미소 양군을 이 강토에서 몰아낼 능력이 없기는 일제를 우리가 몰아내지 못한 것이나 마찬가지이기는 하다. 허나 우리는 이 탁치를 싫다는 말조차 못 하리라는 것은 부당하며 더욱이 절대 지지의 깃발을 들고 나서야만 한다는 것은 우리는 수긍할 수 없는 것이다.

그러므로 우리의 희망은 조선을 원조하기 위한 삼상결정인 것을 우리에게 이해케 하여 우리 심경에 의구가 없게 할 것이며 만부득이할 때에 이것을 지극히 동정하는 태도로 임할 것이지, 어떤 위압이나 심지어 맘에는 있거나 없거나 쌍수를 들어 절대 지지가 아니면 아니 된다는 태도는 우리의 감수할 수 없는 것임을 강조하는 바이다.

이러한 관점에서 우리는 미소가 빚어 놓는 조선 임시정부가 괴뢰적이 아니기를 바라는 것이다. 미소는 미소의 필요에 즉응(即應)하여 조선의 독립을 설계하고 보장하고 이제 공위는 정부 수립에 착수한 것임을 생각할수록 우리는 현재에 있어서 싫은 것도 부득이 받을 수밖에 없는 가엾은 처지에 놓여 있는 것임을 깨닫는 자이기는 하다. 이 점에서 저 반탁운동이 민족적 감정에는 공명되는 채로 또한 국제 정세와 여기 결부된 조선의 현단계를 냉정히 과학하지 못한 과오는 물론 과오로서 반성할 여지가 있거니와, 그러나 싫은 것을 주면서 좋은 것을 주는 듯이 감사(感謝)만을 강제하는 태도도 우리에게는 석연할 수 없는 바이다.

양(兩) 주의는 공존할 수 있다고 미국도 소련도 다 같이 말한다. 함에도 불구하고 우리는 아직 양 주의는 과연 공존이 가능할 것인가 불가능할 것인가 의아하고 있다. 왜냐하면 다행히 이 양 주의의 공존이 가능할진대 먼저 조선에서부터 평화로운 공존의 세계가 실현되지 아니하면 아니될 것으로 알고 있다.

우리 조선에서 양 주의 공존의 실현을 희망하는 것은 미국식보다 더 좋은 민주주의, 소련식보다 더 좋은 민주주의를 서기(庶幾)하는 때문이다. 미국식 민주주의가 정치적 체제에서는 분명한 민주주의지마는 그 경제 체제에서는 비민주주의적인 자본주의이며, 소련식 민주주의가 경제 체제에서는 분명히 민주주의이지마는 정치체제에서는 비민주주의적인 독재주의인 것이다. 이 두 나라의 일방(一方)으로 민주주의적이며 일방으로 비민주주의적인 정치, 경제 체제가 지금 이 땅의 남북에서 시험되고 있다. 토지를 농민에게 준 것은 확실히 혁명적이며 찬양할 만한 진보적 민주주의라 하겠으나 소작인(小作人) 시대보다 더 배고픈 농민이 생긴 것은 웬일이며 국내에서 부족한 쌀을 다른 나라로 실어 가도 반대 의견을 말하면 반역자가 되어야 하는 정치는 단연코 독재적이다. 모든 의사발표의 자유를 허락하고 정치 활동의 자유를 허락하고 있다는 것은 과연 민주주의적임에 틀림없으나 모든 생산기관은 일부 특권계급에게 독점한 바 되어 있는 사태도 우리로서는 새 나라 구상에서 단연코 배제해야 할 사태인 것이다. 조선에서는 이 두 가지 체제의 단점을 버리고 그 민주주의적 장점만을 조화 섭취하여야 할 것이다.

이것이 가능하냐 불가능하냐 하는 데 양 주의는 공존이 가능하냐 불가능하냐가 달려 있는 것이다. 흔히 우리는 친미반소도, 반미친소도 부당하며 또 그렇지 않기를 말하지마는 미국식 자본주의 경제체제를 그대로 답습하려 할 때에 공산주의로 하여금 반미열(反美熱)을 일으킬 조건을 가지게 하는 것이며, 공식적인 공산주의 독재정치 체제를 그대로 강행하려 할 때에 반소열(反蘇熱)을 일으킬 조건은 해소될 가망이 없을 것이다.

그러므로 우리가 친미반소도 반미친소도 아닌 나라를 세우기 위하여는 이 땅에 양 주의의 좋은 점을 모두 조화시키는 노력이 필요하다. 그런데 우리는 지금 새 나라를 세우는 도정에 있으므로 노력만 하면 이것이 가능하다. 미국에서 소련식 경제체제를 실현한다든가, 소련에서 미국식 정치체제를 실현할 수는 없을는지 모르나 조선에서는 이것이 가능하며 이러해야만 우리는 행복할 수 있고 세계는 평화로이 양 주의 공존을 실현할 수 있을 것이다.

실로 조선 인민의 건국 구상은 여기에 중점이 있는 것이다. 그러므로 공위는 미소 각자의 고집과 주견(主見)을 지양하고 조선을 위한 조선 인민의 조선국가를 수립한다는 데 착목(着目)할 것이다. 그런데 미소의 협조가 조선 문제에만 국한되어 있는 것이 아닌 바에는 구경(究竟) 세계 문제에 연결되어 있는 것이며 그래서 우리는 미국의 그리스, 터키 원조가 얼마나 소련을 자극하고 있으며 헝가리(洪牙利)의 공산당에 의한 정변과 발칸연방을 실현함이 얼마나 미국에 충동을 일으켰다는 것을 주목하는 자이다.

이로써 양국이 다 같이 말하는 양 주의 공존은 열강의 세력권 편성에서 무장하의 공존을 말하는 것일지언정 진정한 협조하의 공존이 지극히 어려움을 느끼는 바이다. 그래서 공위의 전도(前途)를 반드시 순탄하게 보기는 물론 어렵다. 그러나 그 전도가 아무리 험난할지라도 이것의 성공이 조선의 독립과 미소의 협조와 세계의 평화를 재래(齎來)하는 길이라 하면 모든 험난을 극복하고 이 조선에서부터 새 세계가 실현되는 광영스런 임무의 완수를 기대하는 것이다.

공위(共委)와 공존(共存)

— 1947년 6월 15일, 『새한민보』 창간호

공위(共委)는 드디어 재개되었다.

휴회 이래 1년 남아에 우리가 겪은 정치적 혼란과 경제적 고난이 얼마나 심각하고 얼마나 신산(辛酸)하였음이 새삼스러울수록 이것이 모두 우리의 통일 자주 정부가 없고 우리가 아직 자주민이 못 되는 데 원인하는 것임을 느끼면 느낄수록 우리의 독립을 보장하고 자주 국가로의 육성을 공약한 미소의 협조가 지지(遲遲)함을 탄식하였던 것이다.

그런지라 이번에야말로 이 공위가 성공적 단계에 들어서기를 염원하는 우리의 심정은 간절한 바가 있다.

흔히 미소 간에 개재(介在)한 종종(種種)의 알력과 상극을 들어서, 또는 이것을 조선의 현 사태에 연결시켜서 이번 공위도 기대할 만한 성공적 결과가 있을 수 없음을 듣는다.

그보다도 더욱 두려운 것은 이 공위의 실패에 의하여 미국의 단독 조치를 볼 만한 것으로 믿으려 하며 차라리 그리되기를 심지어 그리되어야만 당연할 것이라는 말을 듣는다.

물론 우리는 이러한 사고에 대하여 그 일리가 없지 않음을 허(許)하는 자이다. 그러나 여기 강조하는 바는 이러한 사고는 어디까지나 미소 협조가 실패할 것을 전제로 하는 것이며, 허다면 공위 성공을 부득이 단념할 경우의 '부득이한 방책'임을 면치 못하는 것이다.

하물며 이러한 부득이한 경우를 상정할 때에 불화(不和)의 당사자인 미소 어느 편보다도 국토가 두 세력의 틈에 끼어 있는 우리 자신이 입을 참혹한 전화(戰禍)를 계산하여야 하며, 그러므로 이것은 부득이할 뿐 아니라 비참한 방책임을 지적하는 바이다.

이번 공위 재개(再開) 제의에 소련이 동의한 중대한 이유 두 가지를 미국의 남조선 단독 원조와 현하(現下) 북조선의 경제적 궁경(窮境)이라고 인식할 때에 얼핏 생각에 미국의 남조선 원조가 매우 고마운 일이지마는 실상 이것은 소련을 견제하기 위한 조치임을 잊어서는 안 되며 이러한 방식으로 국토의 절반만이 부풀듯 살찌는 것이 결코 정상(正常)의 쾌사(快事)가 못 됨을 깨달을 수 있다.

평화가 양성(釀成)되느냐 전쟁이 양성되느냐 하는 데 세계가 가장 관심하고 있는 지구(地區)가 조선이라고 AP의 화이트 씨는 말하고 있는데, 그것은 이 조선이 소련의 공산주의와 서구의 민주주의가 직접 대면하고 있는 극동의 군사적 요충인 까닭임을 우리는 알고 있다.

양(兩) 주의는 공존할 수 있다고 미국도 소련도 다 같이 말한다. 제3차 세계대전은 인류 문명의 파멸이요, 누구나 원치 않는 바라고 미국도 소련도 다 같이 말한다.

그러나 아직 세계 도처에서 양 주의는 엄연한 군사적 장벽을 격(隔)하여 대립한 채 그대로 있고, 조선은 이 장벽에 의하여 분단된 채 그대로 있는 중이다.

그러므로 미소가 다 같이 말하는 전화(戰禍) 방지와 양 주의 공존의 평화 세계가 실현되기 위하여는 어디보다 먼저 조선이 통일국가로 자립하여야 하며, 무엇보다 먼저 양군(兩軍) 대치하의 국토 분단이 해소되어야 한다.

공위의 임무가 실로 여기에 있다 할진대 이것이 한 약소민족을 해방시켜 자주 국가로 재건하도록 한다는 과업을 훨씬 지나서, 새 세계 새 역사를 평화롭게 꾸미느냐 못 꾸미느냐의 중대 관건임을 인식하는 바이다.

일찍 하지 중장은 "조선은 시험대상(上)에 처해 있다." 하였거니와 그때 그의 말인즉 조선 민족이 자립 자주할 능력이 있느냐 없느냐를 세계가 주목한다는 것이었지마는 이제 와서 우리는 다른 의미에서 즉, 양 주의는 공존이 가능하냐 불가능하냐 하는 시험대로서 조선이 등장하였음을 깨닫지 않을 수 없다.

그러므로 "조선은 열강의 세력권 재편성에서 미국과 소련이 그 위험한 대립을 여하(如何)히 처리하는가의 시금석(試金石) 존재로서 세계에 등장하고 있다."라는 AP 매켄지 씨의 논리야말로 우리의 운명을 직관(直觀)한 것임을 알 수 있다.

그럼에도 불구하고 조선은 남북으로 갈렸을 뿐 아니라 좌우로도 갈려 있다. 양 주의 공존의 세계에서는 우리가 평화롭게 독립할 수 있고 양 주의 교화(交火)의 경우에는 전화(戰禍)가 있음을 알면서도 고의로 각기 일방만의 시험의 성공을 바라고 있으며 그래서 극동의 화약고라는 자신을 조심하기는커녕 경솔하게도 어떤 스릴을 느끼는 경향조차 간취되고 있다. 진실로 한심한 사대의 근성이요 위험한 자멸의 경향이다.

여기서 우리는 조선 강토의 주인의 입장에서 다시금 자신의 현재와 장래의 운명을 직시하며 이 땅을 각자의 세계정책의 시험대로 삼는 두 세력에 대하여 그들의 고집과 자기류의 정책을 떠나서 협조와 우의의 교환(交驩) 지대로서만 강토를 유용하게 제공할 것을 주장할 것이요, 일방의 압력이나 일방의 패배에 의하여 일방적인 승리의 여덕(餘德)을 꿈꾸는 사대적 미망(迷妄)을 단연코 청산할 것이다.

　우리는 이러한 염원이 간절하기 때문에 더욱이 공위의 성공을 바라는 자이다. 이러해야만 세계 평화의 기초가 서게 될 것이요, 그러므로 공위의 성공은 조선의 재건에 기여뿐이 아니라 나아가서 세계 평화를 위한 한 개의 소중한 초석일 것이기 때문에 공위의 성공을 염원하는 우리의 심정은 더욱 간절한 바가 있다.

사회단체 정의

- 세계사전(世界辭典) 들출 것 없다

― 1947년 7월 28일,《만세보》

사회단체의 정의를 밝히기 위하여 세계사전을 펴 보자는 말까지 나왔다 하니 이 한 가지만으로도 얼마든지 싸울 수 있을 것을 인식할 수 있다. 그러나 우리는 이러한 정의를 밝히기 위하여 세계사전을 들춰 보자는 흥미보다는 오늘의 이 사태가 너무도 급박하고 공위의 성공을 염원하는 우리의 심정이 간절할수록 이러한 단체의 정의를 다투는 것으로까지 싸울 원인을 제공하는 사람들을 괘씸하다 하는 것이다. 가령 세계사전은 어떠한 판단을 하였거나 간에 무슨 여학교, 무슨 동창회, 무슨 친목회, 시장상인연합회(市場商人聯合會), 과실협회(果實協會) 따위를 우리가 사회단체로 인정할 수 없는 것은 하나의 상식이라야 마땅할 것이다.

우리가 믿기는 공위가 상대하려 하는 사회단체라는 것은 그것이 직접 정치 운동을 하는 정치적 단체는 아닐지라도 적어도 정치 운동의 추진력이 될 수 있는, 그리하여 정치적 발언에서도 권위를 인정할 만한 단체라야 할 것이다. 그런데 학교 동창회, 친목회 따위가 여기 한몫을 보자 하면 공위 참가 단체가 423개라는 것부터 차라리 그 수의 적음을 괴이쩍게 알아야 할 형편이다.

현하 정치적 혼란은 사실에 있어서 많은 사람들의 냉정을 상실시켰다. 정상적인 사려로써는 도저히 시인할 수 없는 과대망존(過大妄尊)이 횡행하고 아전인수가 창일(漲溢)하고 있다. 그러지 않고서야 어느 나라, 어느 때에 학교 동창회, 과실협회 같은 단체가 정치적 발언을 요구할 것인가. 우리는 미국 측이 이러한 단체까지도 제척(除斥)할 것 없이 일단 그 의견을 듣겠다는 호의는 호의라고 하더라도 그 제척을 주장하는 소련의 주장을 야속하다 할 하등의 이유가 없음을 통감한다. 뿐만 아니라 이러한 단체들의 공위 참가가 단순히 저도 한몫 보자는 의도였다 하면 철없는 소위일 뿐이겠으나 그보다 어떤 다른 계략이 있어서 참가한 것이라면 우리는 이것을 규탄하지 않을 수 없는 것이다.

더구나 우리는 이 공위에 의해서만 현재의 불행을 면할 수 있고 민주 조선의 재건이 가능할 때에 이런 협잡물의 개입으로 인하여 공위 진척이 방해를 입고 있다 하면 민족적 입장에서 단연코 배격하지 않을 수 없는 것이다. 하물며 급조 단체랴. 유령 단체랴. 우리의 지금 이때가 어느 때라고 이따위 도깨비들이 날뛰는 것인가. 마음이 있고서는 울지 않을 수 없고 분격하지 않을 수 없는 불행한 사태이다.

답신(答申)을 검토함

— 1947년 7월 15일, 『새한민보』 제1권 제3호

공위는 아직 구두(口頭) 협의 대상을 결정하는 합의에 도달치 못하였다. 허나 각 정당의 답신은 그것이 공위 자문(諮問)의 답신일 뿐 아니라 그들 정당의 인민에 대한 공약이라는 점에서 우리는 우선 인민의 입장에서 그 내용의 검토를 시험할 필요가 있다고 본다.

공위에 참가한 정당 급(及) 사회단체는 423의 다수라 하나 그중 유령적 존재가 개입하였다는 것은 가령 덮어 놓는다 하더라도 실상이 423이라는 전부에 대하여 그 권위를 우리가 인정할 수 없는 것은 물론이다. 뿐만 아니라 그들의 답신은 대동소이하고 좀 더 냉혹히 지적하면 각기 자기류의 답신안(答申案) 표본을 내놓고 약간씩 문자만 개변(改變)한 것이 태반이라 할 만하여 실로 조국 재건이라는 이 엄숙한 과업을 가지고 국제적 주시 속에서 문자(文字)를 희롱하는 도당(徒黨)의 난무는 가열(苛烈)한 규탄을 면할 수 없을 것이라고 단정하는 바이다. 그러나 여기서는 이러한 불유쾌한 사태를 논란(論難)하려는 것이 아니다. 진실된 의미로서 이들의 정강정책이 우리 인민이 염원하며 희구하는 새 나라의 구상에 어느 만큼 결부되어 있는가. 아울러서 우리는 어떤 정강과 어떤 정책을 지지할 것인가. 여기 각이(各異)한 주장을 어떻게 융합하면 우리의 희망에 도달할 수 있는가를 생각해 보려는 것이다.

4백을 넘는 다수요, '광범위적(廣範圍的)'이라 하되 대별(大別)하여 좌익과

좌익적인 것과, 우익과 우익적인 것으로 갈라 볼 수 있고 또 답신도 각양색색이라 하나 결국은 정부의 형태와 성격, 임정 수립 방법과 행정기관에 관한 주장, 그리고 토지 정책에서 현격하고 근본적인 의견의 상위(相違)를 발견하는 것이며, 실상 그 밖에 다른 문제는 그야말로 지엽 문제라 하여서 무방할 것이다.

첫째, 국호에서 한민계(韓民系)의 '대한민국(大韓民國)'은 아무래도 봉건적인 냄새가 나서 유쾌치 못하다. 그들이 애써서 '대한(大韓)'을 쓰는 것은 꼭 써야만 할 어떤 의미가 있는 것이 아니라 좌익의 '조선(朝鮮)'과 구별하기 위함이려니와 그러하므로 이 대한이라 하는 단어 속에는 '반동성(反動性)'이 내포되어 있다. 그러면 조선은 어떠한가? 봉건적 잔재로서는 이 이상 가는 것도 드물 것이다. 좋기야 인민공화국에서 더 좋은 국호가 있으랴마는 아깝게도 이 좋은 이름은 성급한 영웅이 일시 남용한 것을 그대로 답습하자는 것으로 아는 인민이 많고 그래서 이 국호에 불찬성자가 많다는 것을 지적한다.

임정 수립을 총선거에 의하자는 것은 적어도 현단계에서는 부당한 제창이며, 그래서 이 임정은 대표자 협의에 의하여 선출하자는 것이 타당한 동시에 우리는 지방정체(地方政體)도 일단 중앙임명제(中央任命制)에 의할 것이지 선거에 의한다는 것은 찬성하지 못하는 자이다.

하물며 행정기관을 인민위원회에 의하자는 것은 그 명칭은 좋을지 모르되 거기 내포된 그들의 구상인즉 인민의 의사와는 거리가 대단히 멀다. 그 다음으로 정책에서는 근본적인 난관이 토지 정책에 있는데, 우리는 여기서 조선인의 토지를 무상몰수하자는 것은 보복적인 혁명 수단이며 지주라 하여서 중소 상인 이하의 위치에 전락시키는 결과가 되는 것이므로 어느 한계를 베풀어서 유상(有償)으로, 그 이상을 무상(無償)으로 하거나 대폭적인 체감 방식(遞減方式)에 의한 유상몰수(有償沒收)를 타당하다고 본다. 그렇다고 하여서 소작인을 모처럼 흙의 노예로부터 해방하자는 것이 토지개혁일 바에 유상분배(有償分配)는 절대로 부당하다. 하물며 한민계(韓民系)는 적산 토지(敵産土地)까지도 유상분배를 주장하는데, 이것이 조선인 지주 토지의 유상몰수 유상분배 주장을 관철키 위한 하나의 에누리라면 너무도 속이 들여다 보이는 주장이요, 만약 진실된 주장이라 하면 이것은 단호히 반대하여야 할 불합리한 편견일 것이다.

한 정당이나 그 지도자의 이해득실보다 조선의 이해득실을 더 중시하라는 브라운 소장의 충고는 대단히 긴절(緊切)한 충고라는 것을 우리는 한 번 더 느끼는 바이다.

이러한 정부를 원한다

— 1947년 7월 1일, 『신천지』 제2권 제6호

1.

"공동위원회(共同委員會)의 업무의 결과는 임시정부 창설을 지향하는 일대(一大) 목표를 형성하였다." 그리하여 '조선 민족이 욕망하는, 조선의 이익을 최선으로 대표할 정부를 수립하고 조선 민족이 원하는 대로 정부를 운영케 할 헌장과 정강을 그 수립될 정부에 부여'할 수 있는 결정적 단계에 도달하였다. 이제야말로 '자유를 사랑하는 조선 민족, 오랫동안 식민지적 노예의 갖은 고통과 모욕을 경험한 조선 민족'은 스스로 새 나라를 구상하고 이 새 나라의 토대가 되는 인민의 의사로써, 세워질 정부의 형태와 그 정부를 운영할 지도자를 발견 선택할 수 있는 미증유의 역사적 기회를 얻은 것이다. 미국 측 수석대표 브라운 소장은 6월 25일 남조선의 423 정당 급(及) 사회단체 대표자와의 합동 초회의(初會議) 식사(式辭)에서 "이 중대 문제 해결에 제(際)하여 개인적 호불호는 버려야 할 것이며 조선 민족의 이해득실을 각 정당이나 지도자의 이해득실보다 중시하지 않으면 안 될 것이다." 하였는데, 과연 새삼스럽게 우리는 일체의 파당(派黨), 일체의 편견을 초월하여 하나의 조국을 재건함에 있어서 두 가지 사상의 조화를 요청함이 이제 이 순간처럼 긴절(緊切)할 수 없음을 또 한 번 통감하는 자이다. 다시 브라운 소장은 '조선의 민주 제 정당(諸政黨) 급 사회단체가 광범위적으로 참가하여 정부를 수립하면 그것은 조선을 정치적으로 경제적으로 통합하게 할 것이며 또한 <u>그것은 외국 간섭을 아니 받는</u> 민주주의적 자주독립 국가 창설을 지지하는 가장 중대한 제일보'라 하였고, 소련 측 수석대표 스티코프 중장은 서울시 주최 환영 만찬 석상 연설에서 '자유와 독립을 방해하려는 적국(敵國)의 수차에 걸친 모략의 참혹을 체험한 소련 인민은 조선 인민에게 동정하는 동시에 현 시기에 진정한 원조와 조력을 아끼지 않고… 조선 인민의 민주주의적 권리 급 국가 경제의 부흥, 민족문화의 향상을 보장하고… 조선은 <u>외국 세력의 간섭을 아니 받는</u>(밑줄 필자 강조) 자주독립 국가가 될 것'이라 하여 미국이나 소련이나 장차 조선으로 하여금 외국 세력의 간섭을 아니 받는 자주 국가가 되도록 한다는 일치한 보장을 우리에게 주고 있다. 우리는 여기서 미국이나 소련이 말하는 외국 간섭이 '미국 이외의 외국'이나 '소련 이외의 외국'이 아니라 '미국도 소련도 포함한 외국'으로 믿는 자이다. 그러므로 장차 우리는 세계 어느 나라에게서도 간섭을 아니 받는 나라이어야 하며, 그러한 나라를 세우기 위한 기초적 임무를 가진 임시정부라야 할 것을 한 번 더 다져 놓고서 그 형태를 구상할 것이다.

2.

"양 주의(兩主義)는 공존할 수 있다."고 미국도 소련도 다 같이 말한다. 그러므로 "미소가 다 같이 말하는 전화(戰禍) 방지와 양 주의 공존의 평화 세계가 실현되기 위하여는 어디보다 먼저 조선이 통일국가로 자립하여야 하며 무엇보다 먼저 양군(兩軍) 대치하의 국토 분단이 해소되어야 한다."고 필자는 다른 기회에 논급(論及)한 바 있지마는, 우리는 이 미소의 협조하에 평화로운 양군 철퇴와 국토 환원과 자주 통일을 위하여 좌우의 연립 정권이라야 할 것을 믿는 자이다. 이 정부는 어느 일국(一國)을 지나치게 의존하거나 어느 일국을 지나치게 소원(疎遠)할 것이 아닌 동시에 어느 일국에 대하여서나 4개국에 대하여서나 괴뢰적이 아니라야 한다. 자주라 하는 것은 제3자가 허(許)하고서 비로소 생기는 것이 아니라 자기가 먼저 자주적이어야 하는 것이다. 그러므로 우리의 자주 국가가 국제적으로 승인된다는 것은 설사 삼상회의가 정하였다는 일정 기간 이후라 할지라도 이 일정 기간 후에 과연 자주하기 위하여서는 우선 이 임시정부부터가 자주성을 가져야 할 것이요, 만약 이 자주성을 발휘하지 못할 때에 이것은 괴뢰이며 이러한 괴뢰로서는 5년 아니라 5천 년 후라도 자주 국가는 꿈일 수밖에 없는 것이다. 생각이 여기 이르러 우리는 다시 한번 저 남조선 정당과 사회단체와의 회합 석상에서 브라운 소장이 시사한 바 '조선의 이익을 최선으로 대표할 정부'라는 것은 어느 나라에 대하여서도 조선인의 입장에서 조선 민족의 이익에 간섭을 받지 아니하는 조선 인민의 정부라는 것인 줄로 주장하는 자이다. 그런지라 우리는 진실로 엄정한 의미에서 임시정부의 출발은 그것이 세계에 향하여 조선 민족의 자주력을 주장하는 중대한 단계이며 특히 일정 기간 이 신(新)국가를 원조하려는 4개국에 대하여 조선 민족으로서 자주독립운동의 개시라고 할 것이다. 그러므로 이 정부는 '정쟁(政爭)의 부(府)'가 되기를 피해야 하며 지금까지의 일체의 당파성을 극복하고 연립정부를 통하여 조국 재건에 서로 충실하기를 기하여야 할 것이다. 여기 연립(聯立)의 의의가 있고 좌우 양대 세력뿐 아니라 처중(處中)의 역할을 맡는 완충 세력도 비로소 존재 가치를 인정하게 되며, 우리는 이러한 견지에서 임시정부가 국내의 모든 민주주의 정당과 사회단체가 광범히 참가한 기초 위에서 수립되어야 할 이유를 발견하는 것이다. 보선(普選) 실시에 앞서서 정부가 구성하여야 할 것을 생각할 때에 이 이유는 더욱 절실한 바가 있다.

3.

우리는 착취 없는 나라를 세워야 한다. 이 착취 없는 나라는 전 인민이 다 같이 근로하는 나라를 의미하는 것이며, 남의 고혈에 의하여 살찌는 특수 계급의 일소(一掃)를 말하는 것이다. 이미 전항에서 우리는 우리의 정부가 열강에 대한 괴뢰(傀儡)가 되어서는 안 될 것을 말하였거니와 국내에서도 자본가, 지주 계급의 괴뢰가 아닌 정부를 우리는 희망하는 것이다. 그러기 위하여 그중 중대한 과제가 토지개혁에 의하여 농민을 흙의 노예로부터 해방할 것과 중요 산업 국유화에 의하여 노동자의 혈한(血汗)에서 영양(榮養)을 구하는 계급의 근멸(根滅)이 요구되는 것이다. 이리하여 새 나라는 인민 전체의 공화(共和)의 나라이어야 한다. 그러기 위해서 우리는 나라를 위하여는 누구나 말할 수 있는 자유를 요구한다. 이것이 정치결사의 자유, 언론출판의 자유를 지상의 자유로 삼는 민주주의로 알거니와 그러므로 우리는 자본가, 지주 계급의 독재를 부당하게 아는 똑같은 이유로써 또 무산계급의 독재도 수긍할 수 없는 것이다. 흔히 말하기를 다대수(多大數) 인민의 의사를 존중하면 이것이야말로 진정한 민주주의요, 그래서 무산계급의 독재는 독재가 아니라고 한다. 그러나 우리는 오늘날 소련과 소련 세력권하의 많은 민족에게 우리가 아는 정치적 민주주의가 적용되지 아니함을 우리는 목격하고 있으며 당장 이 땅의 절반이 이러한 체험을 하고 있다. 그래서 우리는 좌익이 즐겨서 애용하는 그 진보적 민주주의가 실질에서 소련식 정치 이념을 의미하는 것이라면 이것은 독재정치인 줄로 알고 있다.

지금 남조선에서 미국식 민주주의를 좋다고 말하는 편의 대부분을 우익이라 보게 되며, 이 우익이 실상은 소련식 독재정치를 혐오하는 감정이 큰 것도 사실이다. 그러나 진보적인 관찰에 의하면 미국식 민주주의가 실질에서 자본주의인 이상 이것은 자본가의 경제적 독재이매 구경(究竟) 어느 편의 정치 이념으로서나 그것이 독재적이라는 것을 면할 수는 없는 것일 때에 소수가 다수에 대한 독재보다는 다수가 소수에 대한 독재를 진보적이라 할 수 있을 것이다. 여기서 우리가 소련식 독재정치를 혐오하는 우익에 향하여 충고하는 것은 이 독재를 피하는 유일한 방법은 미국식 자본주의를 새 나라에 그대로 수입할 것을 단념하라는 것이다. 그리하여 자본가가 정권을 독점하고 자본가의 의사대로 운영하는 나라를 꿈꾸지 말아서 이 땅에 자본가의 독재가 발생할 우려가 확실히 일소되고서야 비로소 소련식 독재정치를 거부할 수 있으리라는 것이다. 이것은 무엇을 의미하는가? 미국의 정치적 민주주의에 황홀한 나머지 소련의 독재를 혐오하려거든 동시에 미국의 경제적 독재를 혐오하고 소련의 경제적 민주주의를 생각하라는 것이다.

"조선에는 이용할 수 있는 절호의 기회가 도래하였다. 조선에서는 미소 양자 간의 협조가 가능하다는 것을 증명하고 이것을 추후로 더욱 곤란한 지역에서 활용할 수 있는 선례로 만들 기회에 당면하고 있다."고 뉴욕 해럴드 트리뷴지는 조선 문제에 관한 그 사설에서 갈파하면서, 세계 2대국이

극히 상위(相違)되는 정치 이념을 가지면서도 조선인에게 독립과 자주를 부여하는 데 협력이 가능함을 말하고 있거니와 양 주의의 공존이 가능하다는 시험대로 등장한 이 조선에서 우리는 그 좋은 점만을 섭취 조화할 수 있는 절호의 기회를 이용할 수 있어야 한다.

4.

우리는 이렇게 양 주의의 섭취 조화가 가능하다고 믿는 자이다. 지금 이 땅에 세워지는 새 나라 정부의 성격은 미소가 원하거나 원치 않거나 좌우가 원하거나 원치 않거나 연립정부라고 규정할 수밖에 없는 것이고 보면, 어느 일방의 이념대로만 호불호(好不好)를 고집하려는 미망(迷妄)에서 벗어나야 한다. 그러고서 비로소 우리는 미국보다 더 좋고 소련보다 더 좋은 진정한 진보적 민주주의를 창조할 수 있을 것이다. 이렇게 두 개의 민주주의 중에서 우리의 취사(取捨)할 바가 이미 확연하고, 그리하여 미국보다 소련보다 더 좋은 진보적 민주주의를 창조하기 위하여는 양대 진영의 지도자들이 또한 피차에 극히 상위되는 정치 이념을 가졌을지라도 그것을 연립정부의 도가니에서 혼연(渾然)히 용해시킬 수 있느냐 없느냐에 달렸다는 것을 깨닫는 바이다. 그러므로 연립정부는 상극 마찰을 내포한 혼합체가 아니라 '조선의 이익을 최선으로 대표할' 혼연의 화합체로서 운영할 수 있느냐 없느냐에 그 운명이 달렸다 할 것이다. 이것이 성공할 때에 조선만의 이익이 최선으로 보장될 것이 아니라 미소 양 주의의 공존의 가능이 보장되고 어시호(於是乎) 세계의 평화가 보장될 것이다. 우리는 이러한 견지에서 우리가 구상하는 새 나라를 발전시킬 수 있는 이를 정부에 참여시켜야 한다. 이것이 우리를 위하는 동시에 세계를 위하는 것이다. 그래서 우리는 '인민의 공화국'의 번영을 위하여 장내(墻內)에서는 더 잘 싸우는 지도자보다 더 잘 화합하는 지도자를 요구한다. 우리가 지금까지 경험한 바 동포와 싸우기에 용감한 투사들은 의외에도 외세 앞에는 허잘것없는 비겁과 굴종을 예사로 하였다. 간섭 아니 받는 자주 국가의 명예는 이러한 인물이 일소되고서 비로소 가능하며 진정한 민족의 번영도 비로소 서기(庶幾)할 수 있을 것이다. 물론 새 나라는 토지개혁에 의하여 지주가 없고 중요 산업 국유화에 의하여 자본가가 없을 것이매 지주나 자본가를 대변할 지도자는 불필요하다. 대변할 근거가 없음에 불구하고 오히려 이런 부류를 대변하고 싶은 사람이 혹시나 양의 껍질을 쓰고 정권 앞에 어른거릴 위험이 있지마는, 이것이야말로 단호히 배제하지 않으면 안 될 구악의 잔재인 것이다. 하물며 봉건의 잔재랴. 일제의 잔재랴.

새 나라는 농민의 아들, 노동자의 아들이 마음대로 배울 수 있고, 마음대로 유쾌히 안심하고 근로하며, 이들의 손에서 새 문화가 창조되고 새 역사가 발전하여야 한다. 그러기 위하여 이들의 대표자가 참여하는 정부라야 할 것을 반대하는 사람은 없을 것이다. 이리하여 우리는 한 명의 국부(國父)나 영명(英明)한 장군보다 더 많은 인민의 친우(親友)를 정부에 보내야 할 것이다.

조선의 실태

웨더마이어 사절(使節)에 보낸 서한

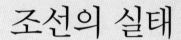

— 1947년 8월 26일, 미발표

미군정 당국의 말을 빌리면 조선 민족을 배반하였던 자는 장차 자주독립한 뒤에 조선 민족의 손으로 처단할 것이라 한다. 지극히 당연한 말이다. 그러나 현재에도 미군정은 진정한 조선 민족의 자주독립을 돕기 위하여는 이러한 친일파·민족 반역자는 배제하는 것이 마땅할 것이다. 그런데 미군정은 조선 민중에게 사갈(蛇蝎)과 같은 이 친일파·민족 반역자를 등용하고 있다.

원래(遠來)의 사절(使節) 웨더마이어* 중장에게 진실된 경의와 환영의 뜻을 표한다.

우리가 중장의 내조(來朝)를 고대한 것은 중장의 냉철한 판단을 통하여 이 민족이 제회(際會)한 미증유의 난국이 우호(友好) 미국 조야(朝野)에 인식되기를 희망하는 때문이며, 그리하여 우리의 불행한 현 사태를 광구(匡救)함에 유조(有助)한 역할을 기대하는 까닭이다.

그러므로 우리는 중장이 중국에서 실행한 바와 같이 조선에서도 경제적 정치적 사회적 상태에 관한 조사가 하등의 약속 또는 사전 판단이 없이 수행되기를 바라며, 그 객관성과 공정성의 기필(期必)에 노력하기를 바라는 바이다. 중장의 이러한 목적을 위하여 우리가 현재 어떻게 불행하며 또 어째서 불행할 수밖에 없느냐 하는 비참한 실정을 핍진(逼眞)하게 전달하는 것은 필요한 일이라고 생각한다.

트루먼 대통령이 극동 사태를 새로이 파악하기 위하여 중장을 조선에

---

* 웨더마이어(Albert Coady Wedemeyer, 1897-1989) 미국 육군 장성. 1918년 육군사관학교를 졸업하고 1943년 동남아시아 최고연합사령부 참모장을 거쳐, 1944부터 1946년까지 스틸웰(Joseph Warren Stilwell) 장군의 후임으로 재중국(在中國) 미군사령관 겸 합동참모본부장에 취임했다. 중국공산당을 민족주의 세력으로 평가했던 일부 미국인들과는 달리, 일찍부터 중국공산당 경계와 중화민국 원조를 주장했다. 전후 대소정책보다는 대중국정책에 중점을 두고 활동을 하다가 1951년에 퇴역했다.

파견한다고 들었을 때, 동시에 우리는 이것이 미국으로서 '과연 조선 민족은 원조할 가치가 있느냐 없느냐'를 다시 한번 감정(鑑定)하는 것'이라는 유력한 정보에 접하고 있었다.

이 유력한 정보가 근거 없는 허구가 아니요 또 이 정보에 대한 우리의 판단에 과오가 없는 한, 이것은 미국이 조선 민족을 원조해 줄 가치가 있느냐 없느냐를 감정하는 것보다도 태평양에 돌출한 이 조선반도의 군사적 요해성(要害性)을 미국으로서 고수할 가치가 있느냐 없느냐를 감정하는 것이라고 생각할 수 있는 것이었다.

원조를 받아야 할 자로서 원조자의 우호적인 성의를 다른 각도에서 비판하는 것은 혹은 비례(非禮)에 속하는 것이라 할 수 있으나, 그러나 우리는 이 원조가 조선 민족의 전통 있는 문화를 존중하며, 인민 전체의 복리를 보장하며, 민주주의적 자유를 옹호하는 데 주안을 두었느냐, 군사적 요충으로서의 병참적 가치에 주안을 두었느냐 하는 것을 우리는 우리의 입장에서 우리 자신을 위하여 엄밀히 판단할 자유가 있고 권리가 있고 또 격별(格別)히 인식할 필요가 있다고 믿는 자이다.

여기서 우리는 아무리 잊으려야 잊을 수 없는 민족 만대(萬代)의 치욕적인 아픈 기억이 있다. 아직 미국이 극동에 대한 관심이 그다지 크지 아니할 때에 일본과 러시아가 이 땅의 군사적 가치에 착목(着目)하였으나 미국은 다만 방관하였고 구경(究竟)에는 러일전쟁(露日戰爭)의 승리자에게 조선 침략을 허(許)하는 포츠머스조약을 승인한 그것이다. 이 아픈 기억 때문에 지금에도 왕왕(往往)히 우리로 하여금 미국의 원조에 회의를 갖게 한다. 우리를 원조하는 것이 아니라—이 땅에서 발상(發祥)하여 4천 년 이상 뿌리박고 살아오며 고유문화를 수립한 이 민족의 생명에 대한 가치를 존중하는 것이 아니라 그보다 더 중요하게 이 땅이 가지고 있는 군사적 가치를 고려하는 것이 아닌가를 회의하는 것이다.

민족적 생명에 대한 가치가 경시되는 듯이 우리가 회의하는 것이 부당한 오해라 하면 불행히도 이 오해를 더욱 깊게 한 것은 저 얄타협정의 38선 획정과 여기 의한 미소 양강(兩强)의 분할 점령이라고 지적하지 않을 수 없다. 만일 군사적 이유 이상으로 한 민족의 생명이 중시되었던들, 진실로 한 민족의 생명이 중시되었던들 이러한 교수선(絞首線)의 획정은 그 구상부터 천만부당하였어야 마땅할 것이었다. 그런데 이 38선 획정은 아직도 과오로 인정되지 아니하였고 한 민족의 생명을 위하여, 그 민족의 통일자주독립을 위하여 너무나 시급한 이 과오의 시정이 아직도 미지수에 속해 있다.

중장이 중국 사태 조사 완료 후에 발표한 성명을 통독할 때에 우리의 불행한 실태와 공통하는 여러 가지를 깨닫는 바가 있다.

우리는 비록 중국 국민과 같이 대일(對日) 승리자는 못 되나마, 그러나 일제가 패망한 후 당연히 우리가 장구한 기간 고투한 결과로서의 해방의 결실을 향유할 것으로 기대하였다. 우리는 잔학한 침략자에게 반항하기에 피를 흘리는 고통과 위험을 감당하였으며 진실로 참을 수 없는 궁경(窮境)을 40년이나 참아 왔다.

그러나 오늘 조선 민족은 해방자로부터의 제2해방을 갈망하고 있다. 민생은 이 갈망에 지쳐서 심신 모두가 극도로 피로한 상태하에 놓여 있건마는 지도자들은 합심하여 시급한 건국 과업의 완수 방략(方略)을 강구하지 않고 부질없이 두 쪽으로 갈려서 서로 일방의 외부 세력을 비난하고 일방의 외부 원조를 희구(希求)하기에 마침내 이성을 잃었다. 더구나 두 개의 대척적(對蹠的)인 이념하에 분단된 조선은 저절로 두 개의 대척적인 이념하에 지배되고 있는 고로 이것이 더욱 이상의 비극을 양성하고 있는 점에서 38선 획정과 미소 분점의 과오는 또다시 중대하다는 것을 지적하는 바이다.

남조선에 살고 있는 우리는 북조선의 실태를 정확하게 알지 못하는 부분이 있을 것을 자인한다. 그러나 매일같이 이주민들이 남하하는 사실은 무엇보다도 충분한 한 개의 설명이라고 할 것이다. 더욱이 그중에는 무산계급을 위주(爲主) 삼는 치하에서 결단코 추방될 추호의 이유도 없는 무산계급의 인물이 많으며, 그들이 무엇 때문에 남조선의 막천석지(幕天席地)를 찾아올 수밖에 없었더냐 하는 것을 그들 자신의 체험의 술회에 의하여 적어도 일단은 규지(窺知)할 수 있으니, 그 일단은 다른 것이 아니라 한마디로 북조선에는 공산주의를 위한 독재로 인하여 인민은 질식 상태에 빠져 있으며 그들 이주민은 자유를 찾아서 남하하였다는 그것이다.

이 서한은 주로 남조선 사태에 국한하고자 의도하므로 이 붓이 책임질 수 없는 북조선의 질식 상태에 대하여는 더 다시 논급하지 않거니와 그러면 이 남조선의 현 사태는 어떤가?

중장이 남조선 사태의 일면을 정확히 판단하는 데 필요한 어떤 처소(處所)를 방문할 시간이 있다 하면 이것은 지극히 다행한 일이라고 믿는다. 거기서는 미군정 기관에 불충실하였고 내지(乃至) 적대 행위를 감행한 범죄적 파괴 분자라고 지목되기 때문에 격리되어 있는 인물들을 만날 수 있을 것이다. 그리고 그들의 대부분은 좌익 계열을 지도하는 정치인들이며 지식계급을 대표할 만한 문화인들이며 건국의 기초로서 활용하여야 할 유위(有爲)한 청년들이라는 점에 심심한 주의를 기울일 필요가 있을 것이다.

단정하거니와 조선에는 그렇게 공산주의자가 많지는 아니하다. 하물며 현명한 조선 민중은 조선의 현단계가 폭력혁명의 단계가 아닌 것을 잘 알고 있으며 설혹 폭력적이 아닐지라도 냉혹한 일당의 독재로 인한 북조선의 질식 상태에 질색한 조선 민족은 이러한 정치 방식을 환영도 하지 않는 것이다. 함에도 불구하고 남조선 내의 붉은 담으로 격리된 여러 장소에는 이러한 적색분자의 낙인을 받은 자로 충만되어 있다.

공산주의자가 아닌 필자로서는 이들을 부당히 변호할 의사는 애초부터 가지지 않았으나, 그러나 이들이 과연 전부가 공산주의자냐, 범죄적 파괴주의자냐 하는 것은 엄밀하고 냉정하게 분석할 필요가 있다고 강조하는 자이다.

요는 공산주의 이념에 공통되는 것이면 모조리 위험한 적색으로 몰아치는 이성의 경련 상태가 의외에도 많은 적색분자를 제조하고 있다는 비참하나 엄연한 현 사태의 인식을 요청하는 바이다.

또 하나 지적하지 않을 수 없는 중요한 사실은, 이 땅에서 아직 친일파·민족 반역자를 숙청하지 못하였다는 사실이다.

이 친일파·민족 반역자들이 지금 애국자로 변장하고 그 추악한 전과(前過)를 합리화하며 생명의 연장을 위하여 날뛰고 있다. 민족보다 일신을 위하는 이자들은 과거에 일제의 주구로서 동족을 학대하였으며 태평양전쟁 중에는 미영(美英) 타도를 위하여 용감한 투사였을 뿐 아니라 그 목적을 위하여 동족을 일제에 팔아먹던 악랄하나 또 영리한 수단으로 다시 미군정에 아부하는 방도를 발견하였다. 그들이 발견한 것은 다른 것이 아니라 오늘날 미국의 적은 공산주의라는 사실의 발견이었다. 그래서 그들은 이제

공산주의를 타도하는 용감한 투사로 나선 것이다.

사실 미국에서 과거 전쟁 중의 적은 일본이었으나 그 일본이 항복한 금일에 미국이 당면한 적은 파쇼 타도 전쟁의 우맹(友盟)이었던 소련인 것을 우리는 알고 있다. 그런지라 미국으로서는 일제가 이미 패망하였으니 과거에 일제에 협력한 자에 대한 증오보다는 현재의 적인 공산주의와 투쟁하는 앞잡이를 가상히 여기는 것이 더욱 현실적이며 실제적임을 짐작하기에 어려울 것은 없다.

여기 미국의 미국적 의도에 대한 조선 민족의 조선 민족적 중대한 불만이 있는 것이다. 즉, 조선 민족으로서는 과거 40년간 일제에 아부하여 그 앞잡이로서 일제의 채찍으로 동족을 학대하던 그 친일파·민족 반역자를 용인할 수 없는 민족적 감정이 있다. 이것은 다만 과거에 대한 민족적 감정일 뿐 아니라 우리의 자주독립을 위하여, 또 영원한 민족적 긍지를 위하여, 또 앞으로 자손만대에 매국(賣國) 매족자(賣族者)를 경계하기 위하여 필요한 것이다. 그런데 미국은 현재 남조선에서의 이 조선 민족의 비분한 가슴속을 무시하고 있는 것이다.

미군정 당국의 말을 빌리면 조선 민족을 배반하였던 자는 장차 자주독립한 뒤에 조선 민족의 손으로 처단할 것이라 한다. 지극히 당연한 말이다. 그러나 현재에도 미군정은 진정한 조선 민족의 자주독립을 돕기 위하여는 이러한 친일파·민족 반역자는 배제하는 것이 마땅할 것이다. 그런데 미군정은 조선 민중에게 사갈(蛇蝎)과 같은 이 친일파·민족 반역자를 등용하고 있다.

처음에 미군정 당국은 전직 경관의 경험은 부득이 필요한 것이라 하였다. 그러나 이미 2년의 세월이 지난 오늘에도 일찍 민족을 배반하고 애국자를 고문하던 사람들이 XX책임자급에 중용되어 있고 무기를 가진 그들이 적색분자로 의심만 하면 몸에 촌철(寸鐵)을 지니지 아니한 인물에게까지도 발포할 태세로써 체포할 수 있는 권리가 부여되어 있는 것이다.

물론 어떤 나라 어떤 시대에나 정치범이라는 것은 있다. 그러므로 공산주의를 적으로 삼는 미군정하에서 적색분자가 투옥되는 것은 혹은 용혹무괴(容或無怪)한 일일 수도 있다고 하자. 그러나 이 적색분자를 체포 투옥할 수 있는 권리가 하필 과거 일제 통치하에서 애국자를 체포 투옥하던 그 사람들이라야만 한다는 것은 조선 민족으로서 결단코 수긍할 수 없는 사실인 것이다. 그런데 이것이 남조선의 현실이다.

경찰 최고 책임자의 말을 빌려 현재 남조선 경관 중 책임자급의 6할은 일제시대 전직자라는 것으로써 이 불쾌하고 비극적이며 수긍할 수 없는 사태를 중장은 이해하기에 더욱 용이하리라고 믿는다.

여기서 우리가 중장에게 엄밀히 분간(分揀)하기를 충심으로 희망하는 것은 조선 민중이 미군정 기관에 관대하게 포섭되어 중용되고 있는 친일파·민족 반역자에게 반감이 있고 그들을 증오할지언정 반미 사상을 가지지는 아니하였다는 것이다. 다시 강조하거니와 우리는 반미 사상을 가질 하등의 다른 이유는 없었던 것이다.

군정 당국이 성명(聲明)하는 바와 같이 좌익 계열이 미군정 기관에 불충실하였다는 것은 사실이거니와 동시에 미군정도 애초부터 이들에게 우호적이 아니었다는 것도 사실인 것이다. 뿐만 아니라 날이 갈수록 자꾸만 적색 아닌 적색분자가 만들어지고 있으며 이래서 투옥자와 도피자가 늘어가고 있는데 이것이야말로 친일파·민족 반역자를 증오하는 사람을 증오하는 친일파 민족 반역자의 조작인 것이다. 미군정이 이들 친일파·민족

반역자에게 이용되어 조국 재건에 충실하려는 양심적이며 선량한 인민까지도 그릇 투옥하는 사실이 드물지 아니하며 이러한 사태야말로 미군정과 조선 민중을 이간하는 중대한 사실임을 지적하는 바이다.

다시 중장은 중국에서 국민정부의 무능과 부패한 사실을 지적하고 국민의 신뢰를 재획득하려면 근본적으로 광범위의 개혁을 실시할 것이라 하였다.

우리는 이 남조선이 또한 동일한 사태하에 있다는 것을 지적하는 바이다. 조선에도 역시 약소한 봉급과 정당히 소유한 사유재산으로 생활하며 오직 공명한 이도(吏道)를 걸어가려고 애쓰는 우수한 관리도 있고 조국의 산업 재건을 위하여 양심적으로 헌신 봉사하는 적산(敵産) 관리인도 있다. 그러나 탐욕과 무능으로 유명한 인사가 고위 고관에, 혹은 적산 운영자의 지위를 누리고 있는 사실이 더욱 허다하다. 회뢰(賄賂)와 부정당(不正當)한 상거래가 지금 이때처럼 성행한 적이 없음은 조선 민중의 누구나 개탄하는 바요, 이로 인하여 조국 재건의 열의가 날을 따라 자포자기되는 비통한 현실 하에 있다. 중장은 중국 국민정부에 향하여 "무능 부패한 관리의 제거와 정치적 경제적 개혁은 이미 약속만으로는 불충분하며 실천이 절대 필요하다."고 충고하였거니와, 현재 남조선은 미국의 책임하에 미국의 군정이 실시되고 있는 만큼 다행히 중장이 이러한 정치적 경제적 개혁의 필요를 인식한다면 그것은 역시 "약속만으로는 불충분하며 실천이 절대 필요하다."는 것을 강조하는 바이다.

그러므로 만일 중장이 조선에 체재(滯在) 중 가두를 만보(漫步)할 기회가 있다 하면 백주(白晝)에 피 흐르는 곤봉을 들고 다니는 폭력단도 목격할 수 있을 것이요, 애국을 빙자하는 협박과 공갈도 볼 수 있으리라는 것이 우리의 상식이다.

언론의 자유를 존중하는 미국의 군정하에서 인민이 언론자유를 폭력단에게 **뺏긴**다거나, 사유재산을 인정하고 절대 보호하는 미국의 군정하에서 인민의 재산이 약탈된다거나, 확실한 증거 없이는 법으로도조차 구속할 수 없는 인권이 공갈을 받거나 죄 없는 인민으로서 다만 사상이 다르다는 이유로 생명의 협위(脅威)를 받는다 하면 유감이나마 이러한 사태는 단연코 정부의 위신에 관련되는 불상(不祥) 사태임에 틀림없는 일이다. 그런데 이러한 사태가 지금 우리에게는 하나의 상식이며, 이 서한도 그러한 중압하에서 쓰는 것임을 중장은 이해하기 바라는 바이다.

미국은 과연 조선을 원조할 의도가 있는가? 허다면 어째서 조선의 경제 원조안은 울리는 꽹과리와 같이 소리만 컸을 뿐으로 공위 재개를 소련이 수락하는 그것에 의하여 보류되었는가. 이러한 사실에 상급(想及)할 때마다 우리는 이미 지적한 바와 같이 미국은 조선 민족에게 원조할 가치를 인정하는 것보다는 이 땅의 군사적 가치와 대소 견제 정책을 연결시키고 있지 않은가 의아한 것이다.

이제야 중장의, 조선과 중국의 실태 감정은 미국이 조선과 만주를 포함한 중국을 서구 민주주의 이념에 합치하는 방공 지대(防共地帶)로서 구상하고 있음을 간취(看取)할 수 있는 중대 사실로서 인식할 수 있거니와 그렇다 하면 조선에서 유혈의 폭력혁명을 회피하며 또 소련식 독재정치를 방어하는 방략(方略)은 무엇인가.

중장은 중국 국민정부에 대하여 "군사력 자체로는 공산주의가 예제(艾

除)할 수 없다는 것을 승인하여야 한다." 하였다. 하물며 자기 수정을 완강히 거부하면서 그냥 모략만으로써 내 편이 아니면 모두 공산주의자요 민족의 적이라고 몰아치는 이성의 경련(痙攣) 상태하에서 무지에 연결된 폭력 행동이나 체포 투옥만으로써 공산주의는 예제(刈除)할 수 없을 것이다. 오직 이념에 대하여는 이념의 투쟁이 필요하며 진보적이라 호칭하는 사상에 대항하는 것은 실제로 현 사태를 개혁하는 진보적 정책이라야 할 것이다. 그러므로 무엇보다도 이 남조선에서 시급히 시정되어야 할 것이 사회정책이며 경제정책이며 그보다도 더 시급한 것이 많은 지식인, 문화인, 민족적 양심을 가진 사심 없는 애국자를 협력자로 불러 모으는 일이다.

확실히 지금 많은 지식인이, 문화인이, 또는 새 사상을 희구하는 청년들이 우익의 고루한 고집에 싫증이 나고, 그 자본주의적 경제권 독점욕에 실망하고, 부패한 관료와 일본 잔재와의 야합에 분격하여 좌익산하(左翼傘下)로 달려가고 있다. 그런데 이들을 다시금 불러모을 생각을 아니하고 탄압하기에만 열중하는 것은 그들을 점점 더 좌익화시키는 결과를 낳는 것뿐이다. 그들을 다시 불러모으기 위하여는 이편의 완명(頑瞑)한 고집의 청산과 경제적 독점감(獨占感)의 포기와 일본 잔재와의 부연(腐緣)을 끊어 버리는 자기 수정이 필요함에 불구하고 그냥 그들을 탄압만 하는 것은 그들을 점점 더 새빨갛게 만드는 것임을 생각할 이성을 잃었다. 이러한 탄압으로 인하여 더욱더 과격한 음모와 파괴가 지하에서 양성되며, 이것이 이 민족을 더욱더 불행하게 하는 결과가 된다는 것을 우려할 수 있는 냉정한 예료(豫料)까지도 탄압되기에 이르렀다.

이것은 이 민족이 현재 부당하게 상실한 민족 통일을 회복하는 데 최대의 장해(障害)가 되는 것이며, 이 민족이 마땅히 누릴 수 있는 자주독립이 더욱더 지연되어 가는 원인을 짓는 것이다. 물론 그 원인의 원인으로서 우리 자신의 정치적 미숙성을 자인하는 바이기는 하나, 더 근본적인 원인은 이러한 우리의 정치적 미숙성을 불순하게 이용하는 거기에 있다고 지적하는 바이다.

탄압은 반항을 낳고 반항은 다시 탄압을 낳아서 만일 이 반복이 그대로 계속된다면 더욱더 비참한 유혈을 볼 이 위기에 직면하여 우리는 중장의 내조(來朝)를 맞았다.

중장의 현명한 관찰이 이 비통한 사태의 시정에 기여함이 있기를 바라며 그 광영스러운 임무를 위하여, 아무런 정당에도 소속되지 않고, 어느 진영에도 구애하지 않으며, 다만 조국의 비참한 금일을 곡(哭)하는 일(一) 평론인의 의중을 여기에 솔직히 피력하는 바이다.

가연(苛捐)과 민생

— 1948년 3월 18일,《신민일보(新民日報)》

1.

전남 장성군에서는 그 지방의 소위 지도적 입장에 섰다는 기개인(幾個人)의 의사로써 가지가지의 명목으로 인민에게 과중한 부담을 강제한 사실이 경찰에 적발되었다고 한다. 현지를 답사한 기자가 보도하는 바에 의하면 국민회비(國民會費)라는 것을 군 지부에 900만 원, 면 지부에 30만 원, 읍 분회(分會)에 90만 원을 호별세(戶別稅) 등급별로 할당하여 고지서를 발부하였다 하며 그 밖에도 여러 가지 명목을 걸고 같은 방식의 금품을 갹출(醵出)시켰다고 한다.

그런데 문제는 이것이 일(一) 지방에서 발생된 괴변이 아니라 현재 남조선 어느 지역에서나 이에 유사한 사실이 항채반사(恒菜飯事)로 인정되는 거기에 있는 것이다.

2.

서울만 하더라도 동회(洞會)는 동민(洞民)의 자치기관이라 하면서 동민의 자유로운 의사의 합치가 아닌 정치단체의 이용물로 화(化)해 버렸으며 이로 인하여 정치성을 띤 갹출(醵出)이 잦을 뿐만 아니라 쌀 배급을 타기 위해서는 원치 않는 극장표를 사야 하며, 최근 모(某) 동에서는 3·1절 기념 행사에 출동한 무슨 경비라 하여 20만 원의 거액을 동민에게 할당하였다고 한다. 비교적 문화 수준이 높고 자기 의사를 발표함직한 수도 서울에서도 탈없이 살기 위하여 말없이 내는 돈이 이러하거늘, 지방의 실정은 상상하고 남는 바이며 특히 38선 접경지대에서는 경비의 강화에 정비례되는 부담에 견디지 못하여 주민은 이산(離散)하고 폐동(廢洞) 폐읍(廢邑)의 참경(慘境)에 달하였다는 것을 믿지 않을 수 없게 된다.

3.

우리는 가연(苛捐)이 있는 곳에 민생의 안태(安泰)가 있다는 말을 들어 본 일이 없고, 또 이것을 믿을 수 없는 자이다. 그렇지 않아도 물가고와 식량난에 헤매며 그날그날의 저녁 해를 고단하게 넘겨야 하는 이 도탄 속에 또다시 이러한 가연이 있고서는 그 경제적 부담의 태과(太過)뿐이 문제가 아니라 인민의 두상(頭上)에 덮어 눌리는 정신적 중압이 어떤 것이라는 것을 생각할 때에 우리는 또다시 가연이 있는 곳은 인민의 자유가 무시되고 농단(壟斷)되는 곳이라는 것을 지적하지 아니할 수 없는 자이다. 그런데 이것이 현하 남조선의 실정이며, 이 실정하에 우는 인민이 바로 모든 인민의 자유를 존중하는 미국식 민주주의 치하의 남조선 인민이라는 것을 지적하여 위정 당국의 맹성(猛省)을 촉(促)하는 바이다.

4.

　기부행위라는 것은 강요할 것이 못 되는 것이며, 만약 이를 강요하면 법은 그것을 벌할 수 있는 줄 우리는 알고 있다. 함에도 불구하고 그를 방어하며 범한 자는 적발 처벌할 권력 그 자체가 때로는 이러한 기부행위를 인민에게 요구하는 경우조차 있는데, 우선 인민들이 탈 없이 살기 위하여 말 없이 내는 것만으로써 그들이 자유로이 즐겨서 내는 것으로 가장하는 예가 결코 드물지 아니한 것은, 긴 말을 허비할 것 없이 이 땅에는 아직 권력이 자체를 위해서는 강하나 인민의 자유를 위해서는 약하다는 증좌(證左)라고 할 것이다. 여기서 우리는 애국을 빙자하는 무리들이 인민의 고혈(膏血)을 긁는 비행을 규탄하는 동시에 이러한 폐해를 일소하기 위하여 우선 시급한 것이 위정 당국이 모든 부문에서 명목의 여하를 불구하고 납세 이외의 갹금(醵金)을 중지하는 용단을 내리라는 것이다.

테러의 근멸(根滅)

— 1947년 6월 30일, 『새한민보』 제1권 제2호

대규모의 폭동 사건을 제외하고서도 해방 이후 작금까지에 발생한 소규모의 테러 사건이 311건이라 하니 하루걸러 한 건씩은 발생한 폭이다.

이로 인한 사망자가 29명, 부상자 721명, 가옥 파괴가 49건이라 하는데, 이런 피해는 수원수구(誰怨誰咎) 숙시숙비(孰是孰非)를 막론하고 남이 알까 두려운 현상이다.

두렵다는 뜻은 무엇인가? 우리에게 냉정한 이성과 정치적 신념이 우세하기 전에 주먹과 곤봉과 총탄이 더 유세(有勢)하다는 것을 설명하는 재료가 되는 것이기 때문이다. 이러한 재료는 이 민족의 자주 자치 자활(自活)의 역량을 측정하는 데 마이너스를 받게 하는 악재료인 때문이다.

조선은 이미 세계에 공개된 조선이다. 여기서 미(美)나 소(蘇)의 정책이 세계 안목에 비판의 대상이 되어 있는 것처럼 조선인 자신의 행동도 비판의 대상이 되어 있다. 그런 중에서 우리가 세계에 보여주는 것은 분열과 상잔(相殘)과 보복 등 정치 이하의 행동에 냉정한 이성을 잃고 있는 것이다.

하물며 우리는 경찰 당국의 조사 집계에 들지 아니한 테러가 얼마든지 많음을 알고 있다.

심한 경우에는 경찰로서는 '이만 것은' 하고 도외시한 사건이 허다하며, 비록 경찰의 견지에서는 세태가 이러한 때에 일일이 단속하기 어렵기도 하였을 것이나 실상 이렇게 경찰이 도외시한 사태 그것이 얼마나 더 민중

을 곤혹케 하고 현실을 암담케 하였는지 모르는 것이다.

경무(警務) 당국으로서도 사태를 우려하는 나머지에 결의를 새롭게 한 모양이어서 16개 사회단체 지도자와 회동하여 대책을 간담(懇談)하였다고 듣는다.

여기에서 경무부장은 어느 단체나 개인을 물론하고 폭력을 감행하는 자, 사회운동에 자구(藉口)하여 금품을 강요하는 자, 또는 정치적 문서를 작성하여 공갈과 협박적 수단으로써 날인을 강요하는 자는 엄중 처단할 것을 언명하였다고 하는데, 우리는 이 엄중 처단이 문자 그대로 진실된 엄중 처단이기를 요청한다.

솔직히 지적하면 경무기관이 다른 어느 행정기관보다 중요시되는 그것부터가 벌써 질서 없고 혼란한 사회라는 것을 증명하는 것이거니와 우리에게 이성이 부활하고 교양과 예의가 작흥(作興)되는 날에는 주먹이나 곤봉은커녕 남을 향하여 눈을 한 번 흘겨보거나 한마디의 욕설도 당연히 타기(唾棄)할 행동으로 규탄되어야 마땅할 것을 믿는다. 허다면 오늘에 있어서 자기와 정치 노선이 다르거나 이념이 상반된다 하여서 이것을 '테러'에 의하여 상대편을 찍어 누르려는 그것은 자기의 정치 이념을 '테러' 이상의 방법으로는 표현할 줄 모르는 소이일 뿐이다. 그런지라 그의 정치 이념이라는 것이 진실과 신념 속에서 우러나온 것이 아닌 껍데기만의 전수(傳授)를 받은 것이요 이것에 의하여 권력을 얻어 보려는 것밖에 아무것도 아닌 것이다.

혼란은 혼란을 낳지 질서를 낳지 못한다. 이편이 저편을 한 번 치면 그 보복을 생각해야 하며 그 결과로는 새로운 보복의 준비가 필요할 것이다.

그리되고서 이 땅에 무엇이 생길 것인가. 언필칭(言必稱) 매국 매족을 타도하나 법 외의 폭력이야말로 이로 인하여 우리의 자치 능력이 손모(損耗) 되는 그만큼은 폭력 그 자체가 매국 매족의 직접 행위인 것을 우리는 규탄하는 바이다.

이제 경무 당국이 단호한 결의를 표명한지라 우리는 그 성과를 보기 전에 가벼운 비평을 삼가려 하지마는, 지금까지 경무 당국의 테러 방지 대책은 실패였던 것을 지적해 두는 것은 앞으로의 단호한 처단을 위하여 유조(有助)한 일이라고 믿기 때문에 감히 이 일문(一文)을 보내는 것이다.

누구를 위한 유혈이냐

— 1947년 7월 23일, 《중앙신문》

　　골육상잔의 음해 난투와 폭력 살상의 산비(酸鼻)한 혼란이 그대로 계속하고 있는 이 민족 분열의 유혈이 임리(淋漓)한 와중에서 우리는 또 하나의 비극을 체험하였다.—여운형(呂運亨)* 씨의 피살이 그것이다. 물론 정치 암살이라는 것은 아무때 아무 나라에도 간혹 있는 일이다. 그러나 우리의 지금 이때가 이러한 소위(所爲)를 대범하게 간과할 수 있는가. 그리하기에는 오늘 민족의 위기는 너무도 초위기다. 그야 정치적 견지에서 볼 때에 여(呂) 씨에게도 포폄(褒貶)은 상반(相伴)할 것이다. 허나 육십 평생을 조국에 바친 혁명가가 아니냐. 지금 이 민족의 큰 병통의 하나가 되는 편견을 버릴진대 누가 그를 민족 지도자의 일인인 것을 아니라 할 것이냐. 그런데 그의 심장에다 조선 사람이 권총을 발사하였다.

　　묻거니와 이것이 누구를 위한 유혈이냐. 일찍 송진우(宋鎭禹) 씨의 피살

---

* **여운형(呂運亨, 1886-1947)** 독립운동가, 정치가. 1919년 재일유학생의 2·8독립선언과 3·1운동에 관여하고, 파리강화회의에 김규식을 파견하여 한국의 완전 자주독립을 호소했다. 1919년 대한민국임시정부 수립에 힘썼으며, 임시의정원 의원과 외무부 차장으로 활동했다. 1922년 모스크바에서 개최된 극동피압박민족대회에 참석하여 한국독립에 대한 적극적인 원조를 요청하기도 했다. 1929년 상해에서 일제 경찰에 체포되어 1932년까지 복역했다. 1933년 조선중앙일보사 사장, 1934년 조선체육회 회장을 역임했다. 1944년 조선건국동맹이라는 항일 지하조직을 조직하여 해방에 대비하고자 했다. 해방 후 건국준비위원회 위원장으로서 조선 정치를 주도했다. 1946년 미소공동위원회가 결렬되자 김규식과 함께 좌우합작운동을 전개하였다. 1947년 7월 19일 서울 혜화동 로터리에서 극우청년 한지근에게 저격당해 사망했다.

만으로서도 커다란 비극이었거늘 이번에 피살된 여 씨가 그동안 몇 번이나 위해(危害)를 겪은 것을 비롯하여 여러 지도자들이 모두 숙식을 전전하지 않을 수 없다는 것은 대체 무엇 때문에 겪는 불안이냐. 크나 작으나 한 치만 두드러진 인물이면 우선 이 테러의 공포 속에 이리저리 신변을 감추고 잠자리를 편히 할 수 없다는 이 사태를 무엇으로 설명할 것이냐.

더구나 이렇게 민족적 지도자를 죽이는 경쟁을 하고서 어쩌자는 말이냐. 가상(假想)만도 끔찍하나 만일 이렇게 지도자를 죽이는 경쟁이 저마다 성공하는 날에 어떤 결과가 우리 두상(頭上)에 떨어질 것인가. 해방 후 조선을 내방하였던 미국의 후버 전 대통령이 의회에서 "조선 민족은 자치할 능력이 없다. 25년의 감시가 필요할 것이다."라고 증언하였다는 보도에 접하여 우리는 분격하기 전에 현 사태를 다시금 사려 깊이 냉정하게 반성할 필요가 있다고 믿는다. 여기서 우리가 가열(苛烈)하게 규탄하려는 것은 테러를 행사하는 하수자(下手者) 그 자신보다도 그를 사주하는 배후의 흑막인 것은 물론이다.

이들의 이러한 음모와 범행은 '다른 나라 다른 때'의 정치 암살과는 엄격히 구별되어야 하며 이것은 이 민족의 자치 능력 없음을 세계에 보여주는 소위요, 이 혼란과 유혈은 조국의 독립을 지연시키거나 심하면 말살하려는 것이라 할 것이다. 그런지라 암살범 그는 한 개의 살인범일까 모르되 사주자의 소위는 민족반역의 소위라고 단정할 것이다.

이러한 사태는 지금이라도 그쳐져야만 우리는 이 이상의 비극을 면할 것이요, 이 이상의 불행을 면할 것이며, 이 이상의 '새로운 국치(國恥)'를 면할 것이다.

UN과 조선 독립

내조(來朝) 위원단에 주노라

― 1948년 2월 1일, 『신천지』 제3권 제2호

진실된 정의에 입각하여 미국이 원하는 조선 독립이나, 소련이 원하는 조선 독립이 아니라 진실한 조선 민족이 소원하는 조선 독립에로 평화적 전환을 우리는 절실히 희망하는 것이다. 이래야 비로소 조선은 살아날 수 있으며, 이것은 다만 일(一) 약소국 조선만의 다행이 아니라 실로 전 세계 약소민족의 공통한 다행이며 따라서 세계평화의 기본문제라고 믿는 바이다.

1.

전후(戰後) 세계에서 가장 불행을 체험하고 있는 이 조선에 국제연합의 위원단이 왔다.

이들이 다만 하나의 시찰자라 할지라도 우리는 그들의 안목을 통하여 우리의 지금까지 겪어 오는 참을 수 없는 고통을 호소하고 싶은 격정이 움직이는 것이며 이 비참한 운명을 세계가 바르게 인식하여 주기를 기대하고 싶은 비원(悲願)이 끓어 오르거늘, 하물며 그들은 이 민족에게 지금까지의 불행을 지양하고 조속한 통일과 독립을 얻도록 하려는 광영의 임무를 띠고 오는 것일 때에 진실된 사태의 파악을 위하여 비참한 현실을 그대로 제시할 필요를 느낀다. 위원들은 조선 문제가 UN 총회에 상정될 때에 그 석상에서 마셜 미국무장관으로부터 "조선 민족은 적이 아니다. 그럼에도 불구하고 40년래 일제의 압박에서 해방된 그들은 아직도 자유스럽지 못하다. 이러한 사태를 무기한으로 계속시켜서는 안 될 것이다. 미소(美蘇)가 합의에 도달하는 데 실패한 것으로 인하여 조선 민족의 독립에 대한 긴급하고 정당한 요구를 지연시키는 것을 원치 않는다."라는 연설을 들은 것을 상기할 것이다. 동시에 이 땅에 제일보(第一步)를 인(印)하였을 때에 첫 인식이 이 땅에 해방의 깃발이 날고서 어느덧 2년이 넘었으나, 그러나 지배 세력이 바뀌었을 뿐이요, 이 민족이 아직도 그냥 외세의 지배하에 있다는 그 사실이었을 것이다.

아니, 지배 세력이 바뀌었을 뿐인 그것만이 아니라 하나의 지배 세력이 쫓겨가고 두 개의 지배 세력이 진주(進駐)하였다는 거기서부터 실로 조선 사태의 인식은 출발할 것이라고 지적하는 바이다.

먼젓번의 지배 세력은 침략자였다. 그러므로 우리 민족은 한 덩어리로 뭉쳐서 반항할 수 있었다.

그러나 이번의 지배 세력은 그것이 바로 우리 자신을 저 강포한 일제로부터 해방한 정의의 사(師)라, 우리는 그가 카이로선언에서 포츠담선언에서 다시 모스크바회의(莫府會議)에서 우리의 자주독립을 보장한 그 공약을 신뢰하면 할수록 자주독립을 갈망하는 우리는 이 지배 세력에 협조하여야 하는 것이다.

그런데 이 지배 세력은 그것이 바로 오늘의 세계를 갈라서 한쪽씩을 차지하고 있는 미소 양국이다. 이들은 다 같이 조선을 위하여 조선에 독립을 원조하기 위하여 이 땅에 왔다 하건마는 각기 주견(主見)과 이념이 다르다. 뿐만 아니라 이들은 조선을 두개로 찢어서 각자의 주견과 이념을 부식(扶植)하기에 열중하고 있다. 이들에게 협조하여야만 우리에게 독립이 있을 것을 우리는 잘 알고 있으나, 그러나 이로 인하여 이 단일민족은 현재 분열되어 있다. 이것은 비단 이념적인 분열뿐이 아니라 실로 산업적으로 경제적으로 분단된 것이며, 이 분단으로 인하여 산업 경제는 그 토대에서부터 붕괴될 지경에 이르러 민족 전체가 직접적인 생명의 협위(脅威)를 받고 있다.

이제야 리 UN 사무총장의 보고서에도 지적된 바와 같이, "남조선의 경제 상태는 전쟁으로 말미암아 황폐해진 어느 국가의 경제 상태보다도 악화되었다. 이러한 경제 상태는 공업지구인 북조선을 소련군이, 농업지구인 남조선을 미군이 각각 분할점령한 데 기인하였다."는 것을 부인할 사람은 아무도 없을 것이다. 여기서 우리는 위원단의 목격에 의하여 일 약소국(一弱小國)을 양대 강국이 분할 점령해서 통치한 결과의 악례(惡例)를 가장 명백하게 세계에 알릴 수 있기를 바라는 바이다. 우리는 마셜 미 국무장관이 갈파한 바와 같이 연합국의 적은 아니었다. 함에도 불구하고 해방의 은의(恩義)가 이러한 불의의 불행을 초래한 데 대하여 비로소 우리는 이번 기회야 말로 38선 획정의 과오를 세계가 인정하여 줄 좋은 기회이기를 바라는 바이다.

사실 이 38선의 획정과 여기 의한 미소 양대 세력의 분할 점령 분할 지배로 인하여 우리는 분열되고 직접 생명의 협위를 느끼고 있건마는 여기에 대한 과오가 확인되지 않고 있다. 저 얄타협정이 조선 삼천만 생령(生靈)에게 범한 과오가 마치 무슨 신의 섭리나 되는 듯이 비판의 권외(圈外)에 놓여 있는 것은 부당하다는 것을 이번 기회에 우리는 강경하게 또 핍절(逼切)하게 주장하는 바이다.

2.

UN은 조선이 민주적 독립이 되어야 할 것과 그 후에 점령군은 가능한 한도로 급속히 조선으로부터 철퇴할 원칙을 결의하였다.

이상 조선 문제 토의에서 조선 인민 대표의 참가가 없이는 조선에 자주독립 문제가 명확히 또 공평하게 해결될 수 없음을 고려하여, 선출된 조선인의 토의 참가를 촉진하고 편의를 도모하는 목적하에서 잠정(暫定) 조선 위원이 설치된 것이요, 이 위원이 그 광영의 임무를 수행하기 위하여 조선에 온 것이다.

이 위원의 구체적 임무로서 금년 3월 31일 이내의 총선거 시행을 감시할 것이며, 이 피선 대표에 의하여 구성될 국민의회와 기후(其後) 문제를 협의하게 될 것이라 한다. 따라서 선거가 종료되는 대로 피선 대표는 국민의회를 개최하고 국민정부를 조직할 것이며 수립되는 국민정부는,

1. 조선 보안군(保安軍) 수립과 전(全) 군사와 반(半) 군사단체 해체에 관한 건(件).
2. 남북조선 군정(軍政) 급(及) 민정(民政) 당국의 통치권을 위양(委讓) 받을 것.
3. 가급적 속히, 될 수 있으면 90일 내로 점령군이 조선으로부터 철퇴할 절차를 점령 당국과 협의할 것.

등이 규정되어 있다. 이에 우리는 UN 위원단이 조선에서의 임무를 완수하도록 협의할 필요를 느끼는 동시에 이 임무 완수야말로 남북을 통하여 성공적으로 완수되어야 할 것을 명심할 필요가 있다.

그래야만 우리는 비로소 통일정부의 수립을 볼 수 있고 그래야만 38선도 철폐될 것이요, 그래야만 미소 양군도 철퇴할 것이다. 그래야만 이 민족은 지금까지의 암흑 속에서 벗어나서 광명에로 지향할 수 있을 것이다.

그러나 우리는 지금까지 너무도 우리 형편에 좋은 것만 생각하고 불리한 점, 불행한 경우를 고려하지 않았다가 번번이 의외의 불행에 비탄하던 것을 반성하였다. 우리가 독립할 수 있는 기회는 이미 두 번이나 있었으

나, 이 두 번의 미소공위(美蘇共委)가 결렬된 것은 우리 자신의 분열도 분열이려니와 미소 각자의 이해 충돌이라는 것을 상기할 것이다. 그래서 이번 UN 상정에서도 소련은 이것을 미국의 일방적 행동이라는 비난과 함께 반대로 일관하였다. 따라서 우리는 이 총회에 출석한 왕세걸(王世杰)* 중국 외교부장이 "조선 문제 해결의 열쇠는 설사 총회에서 어떠한 결정이 내린다 할지라도 결국 미·소·영·중이 합의점을 발견하는 데 있다."고 언명한 것을 기억하는 것이다. 과연 그 결의에서 소련은 보이코트를 언명하였고 총회 폐막 직전에 이 보이코트를 재확인하였으며, 9개국 대표로 구성될 위원이 소연방의 일원인 우크라이나의 참가 거부로 8개국만이 온 것으로써 이미 그 일단이 실현되고 있음을 간취하는 바이다.

여기서 우리는 위원단의 활동 내지 임무 수행이 남조선에 국한될 우려를 계산해 보지 않을 수 없게 된다. 미(美) 대표가 "미국은 진실히 독립한 조선을 수립하는 것을 촉진시키기 위하여 여하한 실행 가능한 조치라도 취하기를 원한다." 한 것은 두 번이나 미소공위의 실패를 보고 다시 4개국 회의의 제안이 귀허(歸虛)하자, 조선 문제를 UN에 끌고 간 미국으로서 UN의 지지를 얻기에 경주한 노력을 엿볼 수 있으며 또 우리는 그 우호와 성실을 고마워하는 동시에 그 결과로서 설치된 조선위원단의 내조(來朝)에 적극적으로 협력하는 것이 우리 자신을 위하여 내지 세계 평화를 위하여 기여할 수 있는 절호의 기회인 것을 통절히 깨닫는 바이다.

---

* **왕세걸 (王世杰, 1891-1981)** 중국의 정치가이자 법률가인 왕시지를 지칭한다. 헤이그 상설중재 재판소 재판관, 국립무한대학 총장 등을 역임했고, 1945년 외교부장으로 중소우호동맹조약을 체결했다. 1948년 제3차 유엔총회의 중국 수석대표로 참석하기도 했다.

그러나 역시 현실은 어디까지나 냉엄한 것이다. 우리는 현재 미국이 제창한 UN 위원 내조를 반대하는 소련에게 국토의 절반이 점령되어 있다.

UN 총회는 비록 46 대 0으로 조선 문제를 가결하였고 그 결의대로 추진하려 하나 막상 조선에 벌어진 냉엄한 현실은 46 대 0이 아니라 1 대 1이라는 그것임을 우리는 간과할 수 없는 것이다.

미국은 드디어 미국을 지지하는 국가만의 지지하에서 조선 문제를 해결할 결심이다. 그러나 이것이 북조선에까지 그 효과를 기대할 수 있는가. 남조선 미군정 당국의 옵서버로서 극동경제회의에 참석하였던 P. W. 스텀 씨가 UP 기자에게 한, "UN 조선위원에 대한 소련 측 보이코트에 비추어 전 조선을 통일한 독립수립이 불가능한 것은 분명하다. 또 소련은 UN 위원단이 북조선에 가는 것을 거절할 것이다."라는 언명을 기다리지 않고서도 이미 이러한 사정을 예측할 수 있었다. 뿐만 아니라 UN 총회는 이런 경우에 강력한 아무 권한도 가지지 못한 기관이다.

우리는 위원단이 북조선 민주혁명에 대한 허다한 절찬(絶讚)과 남조선 비민주 상태에 대한 신랄한 비난을 소련 대표에 의하여 듣고 온 것을 알고 있다. 그러나 이들이 이제 남조선에 와서 그 '비민주 상태'는 볼 수 있을 것이나, 아마 북조선에 가서 그 역사적 민주혁명을 보고 이것을 세계에 보증하는 기회는 없을 것을 짐작할 때에 이러한 추리의 산물은 결국에는 장차 미국이 남조선에서 행할 대조선 정책이 UN 총회 내의 미국 지지 국가군의 지지에 의하는 형식하에 시행되는 그 이상의 아무것도 기대할 수 없을 우려가 있다는 것이다.

지극히 불행한 예측이지마는 만일 이러한 우려를 우리는 냉정한 객관적인 입장에서 좀 더 발전시켜 볼 필요가 있다.

그것은 결국에 아무리 한편이 주장하기를 조선을 대표한 자는 오직 UN 조선위원의 감시하에 선거된 자뿐이라 하더라도 실제에서는 이를 반대하고 배격하여 보이코트한 세력하에서 그 세력의 지지하에 선출된 대표자도 조선의 대표자라고 주장할 것이다.

　이것은 하나의 통일 정부가 아니라 두 개의 분열 정부를 의미한다. 그 결과로는 서로 자기가 지지하는 정부의 육성과 그 기반의 강화를 위하여 38장벽은 철폐가 아니라 더욱더 철벽화할 것이며 미소 양군은 각기 장기 주둔할 수밖에 없는 이유가, 이 부당한 이유가 국제적으로 승인될 것이다.

　그 결과로서 우리는 현재 이상의 암담과 비참과 내지(乃至) 유혈을 보게 될 것을 아니 두려워할 수 없을 때에 위원단의 내조를 맞는 현하 우리 민족의 위기가 어떠한 초위기이며 또 중대한 단계라는 것을 느끼지 않을 수 없는 바이다.

3.

　위원단은 이번에 실지로 조선땅을 밟아 보면서 이 땅이 군사적 요새지이며 그중에도 현금(現今) 세계에서 가장 중요한 군략 기지라는 것이 과연 틀림없다는 것을 인식하였을 것이다.

　이 조선은 이렇게 지리적으로 타고난 기구한 운명 때문에 이미 두 번이나 전쟁을 유발시켰고 지금까지도 이 운명에 번롱(翻弄)되고 있는 것이다.

　이 점에서 조선의 지리적 요새성에 대한 관심은 소련이 미국보다 더 역사적으로 깊은 것을 위원단은 이해할 것이다. 제정 러시아의 이 관심은 39

도선 이북의 완충지대 설정을 책(策)하다가 일본에게 패배하였으나, 오늘 그 일본을 패배시킨 소련은 38도 이북을 자기의 세력권으로 가질 수 있게 되었다. 그리하여 이제 이 조선땅의 절반은 유럽과 아시아 양주(兩洲)를 관통하려는 소련 세력권의 동단(東端)으로서 확보되어 있다.

그런데 미국도 이번 대전(大戰)을 계기로 미국을 제치고 하나 남은 강대국 소련을 견제하기 위하여 서구 민주주의를 부식(扶植)함으로써 방공 지대를 구축해야 할 중요한 필요성에 있어서 이 조선은 미국이 장차 북동아시아를 지배할 수 있느냐 없느냐의 관건이라는 것을 깨닫기에 이르렀다.

우리가 처음에 해방의 깃발을 들고 오는 미소 양군을 감격에 울며 맞이하였으나 실상 이들에게는 이렇게 서로 어긋나는 각자의 국리(國利) 국책(國策)이 있었고, 이것은 오늘 우리의 불행과 비극의 씨가 된 것으로서 저 미국의 유력지 《크리스천 사이언스 모니터》의 사설이 갈파한 바와 같이 "양 대국이 이 나라 독립을 완수시킨다는 명목으로 들어가서 각각 자기 이익관계로 인하여 대치하고 있어 이 나라의 요구와 기대는 모두 뒤로 밀어버려 독립은 여전히 멀게 만들었다."는 것이다.

물론 이번에 미국이 조선 독립을 위하여 위원단을 이 땅에 보낼 수 있도록까지 UN의 지지를 얻은 것은 우리의 입장에서도 좋은 일이다. 그러나 미국의 이러한 우호와 성의가 역시 미국적 입장에 충실함으로써 생기는 것이라는 것을 우리는 알고 있다. 그것은 태평양전쟁의 주도 역할을 완수한 미국으로서 극동에서의 발언권을 확보하려는 조처일 것이라는 것을 간과할 수 없기 때문이다. 특히 이번 조선 문제를 UN에 제소하기로 미국의 방침이 결정된 것은 그것이 바로 범미공동방위회의(汎美共同防衛會議)에서 서반구방위협정(西半球防衛協定)*의 합의를 보던 그 시기였다는 것을 살필 때에 이 UN에 조선 문제 상정이 또한 미국의 대소 외교전의 중요한 일막(一幕)인 것을 부인할 수 없는 것이다. 두 번째의 미소공위(美蘇共委)가 실패되었을 때 미국은 미·소·영·중의 4개국 회의를 제창하였거니와 여기에 대하여 AP 평론가 화이트 씨는 "최근 요코하마(橫濱)에서 아이헨벨거 중장은 자기 휘하의 주둔군이 미군 중 가장 강대한 전투력을 가지고 있다는 성명을 발표하였는데, 이러한 배경하에서 조선에 관한 4개국 회의가 제창된 것이다."라고 지적한 것은 더욱 조선 독립 문제가 조선 민족의 요구와 기대와는 달리 미소 간의 외교적 공방전의 도구처럼 화(化)한 듯함을 아니 느낄 수 없는 것이다.

그리하여 위원단은 UN 총회 석상에서 덜레스 미 대표로부터 "조선 정세는 가장 중대하고 긴장하며 폭발적인 것이다."라는 경고적 시사를 들은 일이 있는 것을 기억하여야 할 것이나, 그러나 이런 중대하고 긴장하며 폭발적인 사태가 어찌하여 양성되었으며 그 책임이 누구에게 있느냐를 구명(究明)하여 주기 바라는 것이다.

물론 우리는 지금 그 허물이 누구에게 있다는 것을 논란할 때가 아닌 줄을 잘 알고 있다. 몸에 독시(毒矢)가 박혔으면 우선 그 독시를 뽑아 버릴 것이지 그 독시로 인하여 어떤 독이 어떻게 우리 생명에 유해하다는 것을 캐

---

* **서반구방위협정(西半球防衛協定)** 1947년 9월 2일 브라질 리우데자네이루에서 체결된 '미주상호원조조약(Inter-American Treaty of Reciprocal Assistance)'을 지칭한다. 흔히 '리우데자네이루 조약(Rio Treaty)'이라고 불린다. 캐나다를 제외한 아메리카 대륙 21개국이 이에 조인했다. 그 핵심 내용은 미주 내의 국가가 미주 외의 국가로부터 공격을 당했을 때, 조약국들은 그것을 미주 전체에 대한 공격으로 간주하고 협력하여 침략에 대항한다는 것이었다.

고 있을 것은 못 된다고 생각한다. 그런데 이 독시에 찔린 자로서 그 자수(自手)로 이것을 뽑을 수 없는 데 비극이 있다. 그러므로 우리는 현재의 이 폭발적인 사태의 발생이 우리 자신의 책임이 아니라, 두 점령군의 책임이라는 것을 희생자의 입장에서 호소하는 것이다.

미국이나 소련이나 조선 인민의 복리를 보장하는 독립을 부여하겠다는 연설은 이번 UN 총회에서 여러 차례 들었을 것이나, 드디어 조선의 현실을 목격하는 위원단으로서는 우리의 이러한 모든 호소가 얼마나 핍진(逼眞)하다는 것을 알 수 있을 것이다. 특히 총회 석상에서 "미국은 조선을 미 확장 정책의 대상으로 변형하려 하고 있다. 그러나 조선인들은 미국의 노예 되기를 원치 않으며 자유독립을 원하고 있다."라는 비신스키 소(蘇) 대표의 신랄한 연설을 기억하려니와, 이 말은 구구절절 지당한 동시에 이것은 소련 점령하의 북조선 인민들도 "소련이 조선을 소(蘇) 확장 정책의 대상으로 변형하려는 데 반대하고 있으며, 조선 인민들은 소련의 노예 되기를 원치 않고 자유독립을 원하고 있다."는 것을 명심하기 바라는 바이다. 우리는 오직 자유독립을 원한다. 자주통일 정부를 원한다. 그런데 두 나라는 엄숙한 의미에서의 진실한 자주독립, 자주정부를 이 나라에 구상하는 것이 아니라 각기 자기 국책에 맞는 독립, 자기 국책에 순응하는 정부를 구상하고 있다는 것을 지적하는 바이다.

이렇게 되는 것이 혹은 미국을 위하여는, 소련을 위하여는 그 국책상 좋을는지 모른다. 그러나 우리는 우리 입장에서 우리의 자유독립을 소원하는 것이다. 그런데 지금까지 실제에 있어서 두 나라는 조선 사람의 입장보다 자기 나라 입장을 확수(確守)하고 있는 것이며, 이것이 우리 민족 분열의 근본적 원인이요 불행의 구체적 이유인 것이다.

4.

이러한 의미에서 이번 내조(來朝)한 위원단이 모두 약소국 출신으로 구성되었다는 점에 있어서 우리는 다시 한번 동병상련의 정의(情誼)에 호소하고 싶은 애절한 심정이 있는 것이다. 프랑스(佛國)가 그 자유, 평등, 박애의 대혁명을 일으키고 민주주의 개화의 일시기를 획하였으나, 이번 대전(大戰) 중 히틀러 독일의 철제(鐵蹄) 아래 유린되어 외세 점령하에 그 높은 문화와 교양이 별수 없이 제압되는 뼈아픈 체험자이며, 이제야 중국이 비록 승리자의 일원이요 일등국의 일원이라 하나 실제는 영년(永年) 열강(列強)의 반식민지적 굴욕과 천대 속에 헤매 올 뿐 아니라, 지금도 국공(國共) 충돌의 내쟁(內爭)으로 인하여 민족은 분열된 채 국력은 피폐하고 자주독립국의 권위가 엄연치 못한 약소국의 일원이다. 필리핀(比律賓)이 또한 그 4백년래 스페인(西班牙)의 기반(羈絆)으로부터는 해방되었으나 다시 미국의 속령으로서 신음하다가 또다시 강포한 일제의 점령하에 속임수의 독립을 거쳐 대전 종결과 함께 비로소 독립을 얻은 나라이며, 또 인도가 마찬가지로 3백년래 영(英) 제국주의하에 갖은 학대와 착취에 궁핍할 대로 궁핍해진 채 이번에 독립을 얻기는 하였으나 민족은 분열되어 두 나라로 쪼개지고 현재도 동족 상살(相殺)의 산비(酸鼻)할 참극을 연출하고 있으며, 시리아 역시 다년 프랑스(佛國)의 위임통치하에 그 주권을 유지하지 못하였고 대전 후에도 영불(英佛) 주둔군의 지배하에 있다가 최근에야 그 주둔군의 철퇴를 본 것을 우리는 알고 있다. 캐나다(加奈陀), 호주도 오랫동안 영 제국(英帝國)의 식민지였고 살바도르도 10년 전까지는 독립국이 아니던 것이었다.

이들은 모두 오랫동안 강자에게 그 운명이 번롱(飜弄)되는 참담을 경험한 그만큼 오늘날 이 조선의 냉혹하고 참담한 현실을 상련(相憐)의 누안(淚眼)으로 관찰할 것을 믿으려 한다.

그리하여 객랍(客臘) 조선을 시찰한 미국회의원단장(美國會議員團長) 스터링 코울* 씨의 "조선은 미소 간 이해관계의 충돌을 일으킬 우려가 있는 인화상(引火箱)이며 이로써 전쟁을 초래할는지도 모른다."는 견해에서 두려운 함축을 발견하여야 할 것이며, 또 크리스천 사이언스 모니터지의 "이제 와서 미국은 더욱 폭발성을 띠게 된 조선에서 약간의 모험을 행하려고 결정한 모양이나 조선인의 그다지도 오랫동안 열렬히 희망하여 온 독립이 실현될 가망은 더욱더 희미하여지는 것 같다. 여하한 정부가 수립된다 할지라도 극좌우(極左右) 간의 조화할 수 없는 간극(間隙)이 생길 것이며, 좌익에는 북조선에서 소련이 훈련한 군대가 있고 우익은 남조선에 반동 지도자들의 사적(私的) 군대를 가지게 될 것이다."라는 사설에서도 예견할 수 있는 바와 같이 조선을 싸고도는 국제 풍운(國際風雲)은 더욱더 폭풍우일 것이며, 이 폭풍우에 시달리는 조선의 운명이 어떻게 가엾은 것이며, 소위 새 세계의 새 정의(正義)에 해방되었다는 이 조선이 또 한 번 인류의 참화를 초래하고 문명을 결정적으로 파괴할 제3차 세계대전을 유발할지도 모르는 위험한 화약고라는 것을 인식할 것이다.

물론 우리 두상(頭上)에 이러한 불행한 흑운(黑雲)이 뒤덮고 있는 데는 우리 자신의 취약과 비열한 사대적 의타심과 그리고 정치적 미숙성도 중대

---

* **스터링 코울(William Sterling Cole, 1904-1987)**　미국의 정치가, 법률가, 관료. 1935-1957년 공화당 소속의 뉴욕 하원의원으로 일했고, 1957-1961년 국제원자력기구(IAEA) 초대 사무총장을 역임했다.

한 원인이 아님은 아니지마는, 그러나 이렇듯 양대 세력이 남의 국토를 쪼개서 점령해 가지고 각자의 이해를 주장하기에 열중하고서는 그 균열이 날을 따라 심각하게 확대될 수밖에 없을 것은 위원국(委員國) 자신이 모두가 외세의 압박과 모략과 견제에서 동족 간의 분열, 상잔을 겪은 그 경험으로써 이해하여 주기 바라는 것이다.

그러므로 우리는 우리 민족 생명의 갱생을 위하여 우리 자신이 먼저 자주 인격을 회복하여 그 의타성의 청제(淸除)와 함께 자주통일하는 길로 지향할 수 있는 민족적 총명이 긴절히 요청됨은 두말할 것 없거니와 아울러 이 땅을 점령한 미소 양대 세력도 이 땅의 요해성(要害性)을 이 땅에 살고 있는 삼천만의 생령(生靈)보다 과중히 고려하는 과오를 청산하라는 것이다. 그리하여 진실된 정의에 입각하여 미국이 원하는 조선 독립이나, 소련이 원하는 조선 독립이 아니라 진실한 조선 민족이 소원하는 조선 독립에로 평화적 전환을 우리는 절실히 희망하는 것이다. 이래야 비로소 조선은 살아날 수 있으며, 이것은 다만 일(一) 약소국 조선만의 다행이 아니라 실로 전 세계 약소민족의 공통한 다행이며 따라서 세계 평화의 기본 문제라고 믿는 바이다. 여기서 최후로 위원단이 도달할 결론은 '현재 불행하며 장차 더 불행할 이 조선 사태에 대한 책임은 미소 양대 세력의 상극 마찰에 있는 것이며, 이 상극 마찰을 분쇄하여야 할 것'이라는 것이다.

단선(單選)의 실질(實質)

— 1948년 4월 5일, 미발표

1.

UN 위원단이 조선에 오던 1월 초에 필자는 이 위원단에 주는 공개장에서 "미국은 드디어 미국을 지지하는 국가만의 지지하에 조선 문제를 해결할 결심이다."라고 지적하는 동시에 지극히 불행한 예측이지마는 내조(來朝) 위원단의 활동은 남조선에 국한될 것이며 이것은 결국

1. 미국의 대 조선 정책이 UN 총회 결의의 형식하에 시행되는 것뿐이며,

2. 그러므로 통일이 아니라 분열의 연장이요,

3. 38장벽도 철폐가 아니라 더욱 철벽화할 것이고,

4. 미소(美蘇) 양군 장기 주둔의 이유가 국제적으로 승인될 것이며,

5. 그 결과로 우리는 현재 이상의 암담과 비참과 내지(乃至) 유혈을 보게 될 우려가 있다.

고 하였다. 그런데 그 불행한 예측은 불행하게도 적중하는 사태의 진전을 보이고 있으니 남조선 단독선거의 시행 결정이 그것이다.

그들은 이 미국의 남조선 단독 조처를 위한 단독선거를 소위 가능 지역의 선거라는 명분 좋은 용어를 사용하고 있다. 그러나 우리는 이 가능 지역의 선거에 의하여 과연 통일이 가능하며 독립이 가능하며 더구나 자주가 가능하겠는가를 생각할 때에 여기는 많은 모순과, 이 모순이 내포한 허다한 불합리를 발견하는 것이다.

첫째로 위원단의 메논 의장*과 호(胡) 박사가 조선의 정세를 보고하고 그들이 취할 방침을 묻기 위하여 UN 소총회에 출석차로 서울을 떠난 직후 남조선에는 북조선 사태에 대한 중대한 모략이 유포되었던 것을 기억한다. 그것은 북조선에서 인민공화국 수립을 선포하였다는 것인데, 이 소식은 남조선 민중으로 하여금 북조선과의 통일을 단념하고 남조선에 따로 정부를 세울 수밖에 없다는 생각을 일으키게 하려는 모략인 동시에 UN 소총회로 하여금 미국의 남조선 단독선거를 지지하게 하는 효과를 기대한 것이었다. 3월 8일 메논 의장의 소총회 경과보고 연설 중에

"메논 씨와 호 박사가 뉴욕을 향해 출발한 이후의 국내적 또는 국제적 사태의 진전도 소총회의 결의에 영향을 준 것이다. 즉 서울을 영구한 수도라 하고 평양을 임시 수도라 하여 별개의 국기(國旗)를 가지고 전 조선의 정부를 수립한다는 북조선 당국 측의 동향 보고도 소총회가 관심을 가지고 주목했던 바이며, 소총회의 결의에 영향을 준 또 한 가지 요소는 체코슬로바키아의 연립내각이 공산 정권으로 경질(更迭)하게 된 것이다."라는 것으로써 이 남조선 단독선거는 조선의 통일독립에 주안을 두기보다는 더 중요하게 북조선에 대항할 방공(防共) 정권을 남조선에 세워야 하겠다는 의도인 것을 알 수 있는 것이다. 미국의《이브닝 스타 지(紙)》사설에, "남조선은 사실상으로 소련이 북방에 설립한 정권에 대항하는 정권으로서의 기능을 발휘하는 정부를 조직하기 위하여 투표하게 될 것이다."라고 실린 내용

---

* 메논(V.K.Krishna Menon, 1897-1974) 인도의 정치가, 반식민주의·중립주의의 옹호자. 인도인 최초의 고등판무관, 유엔 총회 인도 대표, 유엔 주재 차석대표 등을 역임했다. 1948년 유엔한국임시위원단 의장 겸 인도 대표로 한국을 방문했다.

으로도 이 단선(單選)의 성격은 나타나고 있으며, 또 AP평론가 해리스 씨가 전하는 미국 모 고급 외교관의, "우리는 이 선거가 조선이 당면하고 있는 문제를 해결하리라는 착각을 가지고 있지는 않다. 현안 중의 선거투표는 시험적 성격의 것이다. 이 선거는 우리가 생각하는 바와 같은 정상적 선거와는 거리가 먼 것일지도 모른다."라는 것으로써 미국으로서도 이 단선에 의하여 통일독립을 결과하리라는 기대까지는 가지지 못한 인상을 주는 것이다. 하물며 소련과 그 산하의 국가가 참가하지 아니한 소총회에서도 이 단독선거는 전적 지지를 얻은 것은 아니다. 메논 의장의 경과보고 연설에 의하면 "캐나다(加奈陀)의 의견은 남조선에만 국한될 선거를 시행하고 또이 선거를 기초로 해서 중앙정부를 수립한다는 것은 총회 결의를 분명히 모독하는 것이라 하였고, 호주가 이를 지지하였으며, 아라비아 국가들은 팔레스티나의 분할을 경험했기 때문에 조선에서 또 분할의 역사를 반복하려고 하지 않았고 그들은 팔레스티나 분할에 대한 미국의 행동에 분만(憤懣)하였으며, 노르웨이는 영구적 해결의 유일한 희망은 소련과의 계속적 협상과 협조에 있다고 지적하는 동시에 소련 대표가 참가하지 아니한 소총회는 비현실적인 분위기에서 행동하고 있는 것이며 소총회는 여하한 결정도 할 권한이 없는 것이라 하였고 스웨덴(瑞典)과 덴마크(丁抹)가 이를 지지하였다."는 것이다. 우리는 이상의 몇 가지만을 검토하는 것만으로써도 이 단선에 의하여 통일의 가능도, 독립의 가능도 더구나 자주의 가능도 기대할 수 없음을 인식하는 동시에 이 단선에 의한 남조선 단독 조처(單獨措處)를 강행하려는 미국의 의도가 나변(那邊)에 있다는 것도 명백히 알 수 있는 것이다.

2.

　미국은 물론 조선의 독립을 의도하고 있다. 그러나 우리는 우리 자신의 입장에서—미국의 입장에서가 아니라 우리 자신의 입장에서 미국이 의도하는 조선 독립이 과연 우리가 갈망하는 독립과 합치하는 독립이냐 아니냐를 판단하여야 하며 또 판단할 자유의 권리가 있는 것이다.

　조선 문제를 UN에 상정하며 마셜 미 국무장관은 '신탁의 기한 없는 조선 독립'을 시사하였을 때 많은 사람들이 작약(雀躍)하였다. 실로 반탁(反託)의 승리라고 기뻐한 것이다.

　그러나 우리는 다시 한번 냉정할 필요가 있다. 친구 간에 바둑 한 판을 두더라도 신중한 고려가 필요하거늘, 하물며 조국의 운명을 좌우하는 이 단계에서 자손 만대의 운명이 출발되는 이 단계에서 깊은 사려가 없이 남의 우호를 그냥 믿고 기뻐만 하는 것은 삼갈 필요가 있는 것이다.

　애당초 조선에 10개년 신탁을 제안한 자는 누구인가. 우리는 지금 구태여 이것을 캐어 시비를 따지자는 것이 아니라, 조선에 신탁을 고려한 것이나 소위 신탁 없는 독립이라는 것을 고려하는 것이나 그것이 모두 조선 민족 자체의 운명이 고려되는 것보다 더 중요하게 제안자 그 자체의 필요가 고려되는 것임을 지적함으로써 족하다 하는 바이다.

　미국은 조선이 공산주의 소련의 위성국가가 되지 않기를 희망하고 있다. 제2차 세계대전 후 미소의 상극은 날을 따라 격화하고 총성 없는 냉정 전쟁이 계속될수록 미국은 이 조선이 소련의 위성국가가 되지 않기를 희망할 뿐 아니라 그 희망은 필요로 발전하고 더 절실한 필요로 발전하였다. 그러면 미국의 조선에 대한 이 희망은 어디로부터 유래하는 것이며 또 어찌하여 필요로 발전하는 것인가.

조선이 소련의 세력권으로 드는 것을 묵인하는 것은 소련의 태평양 진출과 극동에의 세력 신장을 묵인하는 것이 되며, 이것은 태평양전쟁의 주요 역할을 담당한 미국으로서 극동에서의 발언권을 포기하는 것이며 이 발언권의 포기는 가치 있는 광범위의 시장을 포기하는 것이다. 이 가치 있는 광범위의 시장 아시아를 확보함에 있어서 조선은 군략 기지로서 다시금 중요 지대이며, 그래서 이 중요 지대는 미국으로서 용이(容易)히 단념할 수 없는 요충인 것이다.

그리하여 조선에 독립을 승인하면서 조선 민족 자체의 취약성과 정치적 미숙성을 고려할 때에, 미국으로서는 조선과 국경을 접근하고 있는 소련을 마치 양을 노리는 이리와 같이 의심하고 경계하였다. 이 의심과 경계가 실로 4개국 신탁의 제안으로 나타난 것이거니와, 소련은 소련대로 이 조선을 미 자본주의의 병참으로 허할 수 없으며 태평양 진출의 유일의 혈로(血路)를 미국의 세력권으로 빼앗길 수 없다는 저의에서 4개국 공동 신탁을 수락하였던 것이다.

그러나 이 신탁통치가 조선 민족의 당연한 반대에 봉착하고 미소공위가 결렬된 뒤 유럽에서 양성된 미소 냉정 전쟁이 격화하면서 미국은 드디어 대조선 정책을 적극적으로—실제로 노골적으로 추진한 것이 UN 결의의 형식하에 남조선 단독 조처인 것이다.

이제야 미국은 이 조선을 반공기지로서 38선을 소련 방어의 국경선으로 강화할 결심인 것이 분명하여졌다. 남조선 주둔 병력의 50% 증강이 그것이요, 이러한 기초 위에 남조선 단독선거가 그것이다.

역사상에는 많은 약소국가의 주권이 강대국의 이해로 말미암아 희생되었다. 우리 민족 자신이 과거 36년이나 이러한 원한 속에 살아왔거니와, 오늘의 세계가 비록 제2차 세계대전의 총성은 그쳤으나 미소의 냉정 전쟁이 계속되는 한 세계에는 아직 진정한 평화가 온 것이 아니다. 이 진정한 평화가 아직 오지 아니 하였다는 것은 약소민족으로서의 조선의 운명이 계속하여 강대국의 이해에 번롱(飜弄)되는 것을 의미하는 것이다. 필자는 다른 기회에도 누차 지적한 바와 같이 미소의 조선 분점이 설혹 군사상 필요라 하더라도 이 군사상 필요보다 조선 민족의 운명이 더 소중하게 고려(考慮)되었다면 양군(兩軍) 분점은 고려부터 부당하였어야 할 것이었다. 그런데 일단 군대만은 철거하더라도 이것이 진정한 철거가 아니라 분할 점령에서 공동관리의 형식을 취하려던 것이 소위 신탁통치였다고 깨달을 때에 이제 남조선의 단독정부 수립은 누구나 부인할 수 없는 분할상태의 계속인 것이다. 이 분할 상태하에서는 단독정부에 대한 미국의 외교정책이 설혹 어떤 형태의 아름다운 표면을 가진다 하더라도, 결국 남조선에 대한 발언의 권위는 단독정부 그 자체보다 더 높은 위치에 있는 미국에 있을 것은 의심할 여지가 없는 것이다.

이것은 아무리 선거에 의하여 조선인 자신의 정부가 수립된다 할지라도 성조기가 날리는 방향으로 태극기도 날려야 한다는 실정을 말하는 것이다. 생각이 여기 이를 때에 미국 마셜 장관이 '신탁 없는 조선 독립'을 시사한 것은 결국 미국 이외의 신탁이 없는–즉 미국 일국의 신탁만이 있는 분할 독립을 결과할 것이다.

우리는 미국이, 조선은 공산주의 소련의 위성국가가 되지 말라고, 그래야만 조선 민족의 자주독립이 있고, 그것이 조선의 행복이라고 하는 충고를 결코 무시하지는 않는다. 무시하지 않을 뿐 아니라 이 지당한 충고를 경청하는 똑같은 성의로써 우리는 소련이, 조선은 자본주의 미국의 추종 국가가 되지 말라고, 그래야만 조선 민족의 자주독립이 있고, 그것이 조선의 행복이라고 하는 충고도 경청하는 것이다. 그래서 태극기보다 성조기의 권위가 더 할 수 있는 것은 조선 민족의 자주독립이 아니요, 조선 민족의 행복도 아니라고 믿는 것이다.

3.

분할로 인한 참혹한 고통은 분할된 당자 이상으로 통감할 자는 없는 것이다. 그런데 이 분할 상태하의 단선(單選)을 찬성하는 논리가 있음을 듣는다.

아라비아 국가들이 팔레스티나의 분할을 경험했기 때문에 UN 소총회 석상에서 남조선의 단선을 반대하였다는 것은 전항에서 메논 의장의 경과 보고 연설로 인용하였거니와, 이렇게 이미 경험한 자의 반대의 충정은 현재 우리의 처지에서 가장 동감되는 것임에 불구하고 이 분할 상태를 국제적으로 합리화하자는 단선에 찬성의 소리를 듣는다.

그들은 말하기를 가능 지역만이라도 선거에 의한 정부를 세워야 하며, 이 정부는 중앙정부라 한다. 그리고 이 가능 지역만이라도 선거를 시행하는 것이 현실적이라고 한다. 그러면 우리는 이 현실적이라는 입장에서 과거를 한번 회상할 필요가 있다.

모스크바 삼상회의가 5개년 신탁통치를 결정하였을 때 일단 거족적 반대는 물론 지극히 당연하였다. 그러나 시일이 지나감에 따라 냉정을 회복한 이들은 이 민족적 초위기의 극복에서만 우리의 활로가 있는 한 이 문제도 엄숙한 현실문제로 대처할 필요가 있음을 깨달았던 것이다. 다행히 우리가 이 문제를 현명하게 흥분 없이 대처하였던들 이미 정부가 섰을 것이다. 이 정부는 미소(美蘇) 합의에 의한 통일 정부일 수가 있었고, 그래서 38선의 철폐도 가능할 수가 있었다. 비록 우리의 자주정신을 위하여 참을 수 없는 외모(外侮)라 하나 따라서 냉엄한 자기비판에 의하면 우리 자신의 취약성도 시인할 수밖에 없던 것이요, 미소 각자의 조선에 대한 피차의 의구(疑懼)를 생각한다면 그들이 조선을 피차 가상적(假想敵)의 괴뢰가 아닌 것을 보기까지는 안심 못 할 처지인 것도 이해할 수 있는 것일 때에 우선 38선 철폐에 의하여 국토 양단과 외세 분점을 해소하며, 이로써 경제적 분단에 기인하는 직접적인 생명의 위협에서 벗어나는 방도 이상의 시급한 현실문제가 있을 수 없는 것이었다.

또 이 문제가 나고서 이미 2년 반의 세월이 흘렀다. 앞으로 그야말로 불원한 장래--약속 있는 기한부의 불원한 장래에 완전한 자주 정부의 권위도 기대할 수 있었던 것이다.

이러한 과거 사태에 대한 추리는 그것이 정확한 결과가 동반하지 않은 것이매 그럴 듯도 하고 그렇지 않을 듯도 한 것이다. 따라서 그렇지 않을 듯하게 생각하는 이들에게도 물론 일반(一半)의 이유는 있다. 즉,

첫째로 단 하루라도 외세의 신탁하에 있는 것은 자주정신에 위배되며, 둘째로 소위 5개년의 기한부를 믿을 수 없다는 것이다.

그러면 오늘 남조선의 단독선거에 의한 단독정부도 형식은 여하간에 미국의 단독신탁인 것이다. 기한 없는 일국 신탁인 것이다. 이로써 자주적일 수 있는가.

또 말하기를 이 선거에 의한 정부로서 UN에 가입하고 그리하여 북조선을 통일할 수 있다고 한다. 그러나 이 정부가 UN에 가입할 수 있다는 것을 우리는 믿을 수 없는 것이다. 왜냐하면 우리는 UN 헌장을 알기 때문이며 우리가 아는, 우리뿐이 아니라 세계가 아는 UN 헌장에는 5대국 중 한 나라가 보이코트하더라도 가입이 거부되는 것을 알고 있다. 하물며 남북통일이랴. 미국 군대는 계속 주둔하여 우리에게 무기를 공급할 것이요 소련은 철퇴하라는 요구이랴.

이들은 또 말하기를 경제 재건을 위하여는 미국의 달러 원조가 필요하고, 이 원조를 받기 위하여는 미국에 추종해야 한다는 것이다.

사실 지금 미국은 60억 달러 이상을 던져 세계 원조에 착수하고 조선 원조도 고려되어 있다고 한다. 그러나 이 원조의 목적과 실제적 결과가 무엇인가를 우리는 분명히 파악할 필요가 있는 것이다. 여기 대하여는 별고(別稿)로써 평론할 기회를 가지려 하거니와, 요약하여 이 원조는 반공 정권에게 공여(供與)하는 것이며, 대소 전쟁(對蘇戰爭)을 각오하고 이 대소 전쟁에는 미군에 협력해야 하는 엄격한 조건부인 것이다. 그리하여 이 원조는 우리가 중국에서 그리스에서 보는 바와 같이 반동 정권이 그 혜택을 독점하고, 기개(幾個)의 자본가나 모리배의 이익이 될 뿐 경제적 채무(債務)와 더불어 대소전(對蘇戰)에 피를 바쳐야 하는 생명상의 채무가 인민에게 부담되는 것이다.

이것을 알고 보면 남조선의 단독정부 수립이라는 것은 남북 조선이 갈려서 미소 전쟁의 전초전을 담당케 할 위험이 있는 것이며, 이리하여 민족통일과는 반대로 총화(銃火)를 나누는 골육상잔으로써 민족 자멸의 참화를 두렵게 하는 바이다. 그러므로 우리는 우리 민족적 이해를 불고(不顧)하고 미나 소의 정책으로만 우리의 운명을 좌우하는 데는 추수(追隨)할 수 없다고 정계의 7요인은 성명을 발표하여 "우리 몇 사람은 정치적 기변성(機變性), 운동의 굴신성(屈伸性), 기타 여러 가지 구실로 부득이한 체 현 정세에 추수(追隨)하는 것이 우리들 개인의 이익됨을 모르지 아니하나 개인의 이익을 도모하려고 민족의 참화를 촉진하는 것은 민족적 양심이 허락치 아니하여 반쪽 강토에 중앙정부 수립이라는 가능한 지역 선거에는 참가치 아니한다." 하였고, 통일독립 달성을 위하여 여생을 바칠 것을 민족 앞에 맹세한 것은 단선에 대한 명분이 아무리 훌륭할지라도 이것이 민족을 구하는 방도가 아니라 그 반대의 것임을 밝힌 것이라 할 것이다.

4.

이상으로써 우리는 이 남조선 단선의 실질(實質)은 미국의 대소 냉정 전쟁의 일 전술인 것을 분명히 파악하는 것이다. 미국으로서는 이것이 필요할 것이다. 이 땅을 방공 기지로, 38선을 대소 방어선으로 강화할 필요하에서는 남조선에 반공 정권을 세울 필요가 있고, 그 정권을 시켜서 남조선 민중으로 하여금 북조선에 대한 적개심을 일으키게 하고 무기를 원조할 것이다. 이승만 박사의 "정부를 세운 뒤에는 북조선 소련군에게는 철퇴를 요구할 것이요, 남조선의 미군에게는 계속 주둔을 요구할 것이다. 그는 우리에게 무기를 주는 까닭이다."라는 의사 발표(意思發表)에서도 이것을 짐작할 수 있다. 그러나 우리의 민족적 입장에서 이 단선은 분열의 항구화요, 자칫하면 남북의 골육이 적진에 갈려서 총화(銃火)를 겨루는 미소 전초전의 담당자가 되는 데 불과한 것임을 이미 파악하였다. 그러므로 우리는 미국의 대소 전략이나 그 도구로서의 가치보다 우리 민족 자체의 생명을 더 소중히 알기 때문에 여기 맹종할 수는 없는 것이다.

더구나 이 단선 실시에 대한 UN 소총회의 권고를 수락함에 있어서 UN 조선위원단은 찬부 양론이 격렬하였고 결국 4 대 2로 수락을 가결하였다 하나, 실상 프랑스(佛蘭西)와 시리아가 기권하였으며 우크라이나는 애초부터 불참가인 것을 생각할 필요가 있다. 국내에서도 좌익은 물론, 중간파와 우익의 대부분이 이를 반대하며 3영수(三領袖) 중 김구, 김규식 양씨도 이를 반대하고 결국 이승만 박사와 그 영도하의 독립촉성당(獨促)*, 한민당(韓民黨)이 찬성할 뿐이다. 사태가 이만하면 명분이 아무리 좋을지라도 그 실질을 억지로 좋게 할 수는 없는 것이다. 아무리 그 이름을 중앙정부라 하나 본래가 단선이매 단정(單政)을 면치 못하는 것인 데다가 각당, 각파가 불찬성하고 일당 일파의 찬성뿐으로서는 남조선만에서도 논리를 좀 더 달리하는 '단선이요 단정'인 것이다.

새 나라는 인민 전체의 것이라는 신념으로서는, 어느 계급이나 일 세력이나 일당의 것일 수 없다는 신념으로서는, 이것을 지지할 수 없고, 여기에 민족의 운명을 믿고 맡길 수는 없는 것이다. 그들은 이 단선에 의한 정부에 의하여 북조선을 통일할 수 있다고 말한다. 그러나 이 통일의 구상이 미국

---

*   **독립촉성당(獨促)** 1945년 10월 23일 수립된 독립촉성중앙협의회(獨立促成中央協議會)를 지칭한다. 이승만을 총재로 하여 한국민주당, 국민당, 조선공산당 등 좌·우익을 망라한 200여 개 단체 대표가 참여했던 정치단체이다. 1945년 11월 16일 조선공산당이 협의회 내의 친일파·민족반역자 제거를 명분으로 단체에서 이탈함으로써 통일전선은 무너졌다. 1946년 2월 김구 중심의 '신탁통치 반대국민총동원중앙위원회'와 통합하여 대한독립촉성국민회를 발족했다.

의 무력을 배경으로 하는 것임은 더 설명할 필요도 없는 것이고 보면 우리는 이러한 통일을 믿을 수 없고 이것은 참혹한 유혈을 의미하는 것임을 아니 인식치 못하는 것이다.

우리는 이러한 독립이나 이러한 민족 통일을 희망한 적은 없다. 이러한 독립을 위하여 일제와 싸우고 피 흘린 선열은 하나도 없는 것이다.

하지 중장은 우리에게 이 선거에 참가함으로써 공산주의의 노예를 면하라고 성명하였다. 그러나 만약 우리가 이 선거에 의한 단정에 드는 것은 자본주의의 노예가 되는 것임을 우리는 알고 있다.

남조선 단정을 수립한 뒤에 미국은 아마 경제원조를 할 것이다. 그러나 이 원조가 무엇을 의미하며 어떤 조건부이며 어떤 결과로 나타날 것인가는 이미 전항에서 지적한 바라, 이 우호가 또한 일부의 모리배를 배불리고 반동 정치 세력의 권력으로 하여금 인민을 탄압하게 할 것임은 이미 중국의, 그리스의 선례에 의하여 의심 없이 예단할 수 있을 때에 자본주의의 노예가 되는 것도 결코 결단코 좋은 것이 아닌 것을 우리는 아는 바이다.

그러므로 이 단선에 의하여 일부의 자본가는 배부르고 비단옷을 입을 것이나 인민은 그대로 헐벗고 굶주릴 것이요 정권을 잡는 이는 권력을 행사할 수 있을 것이나 인민에게는 자유가 없을 것이다. 자유가 없을 뿐 아니라 탄압이 있을 것이다. 자유 분위기 양성이라는 좋은 말이 선양(宣揚)되는 오늘날 '등록자는 애국자, 기권자는 반역자'라는 벽보의 범람은 어떤 자유를 양성하는 것이며, 김구 씨를 크렘린 대변자라, 김규식, 홍명희* 씨를 공

---

*　홍명희(洪命憙, 1888-1968)　민족운동가, 소설가, 북한의 정치가. 일본 다이세이중학(大成中學)을 졸업하고, 귀국 후 동아일보 편집국장, 오산학교 교장, 연희전문학교와 중앙불교전문학교 교수 등

산당원이라 선전하는 것은 무엇을 시사하는 것인가.

우리는 이러한 자유를 희망한 적은 없었다. 따라서 과거에도 지배권력에 추수하는 자유는 있었던 것이다. 그러한 자유를 위하여 옥고를 감수하고 교수대에 오른 애국 애족의 혁명 투사는 하나도 없는 것이다.

그러면 민족이 지향할 바 정로(正路)는 무엇이겠는가? 거족적으로 새로운 독립운동을 전개할 것이다. 미나 소를 믿는다는 것은 이미 그 도구 노릇을 하는 데 불과하며 민족의 운명을 외세에 희생시키는 것뿐임을 더 부정할 것이 못 되는 바에는 미나 소의 한편을 추수(追隨)할 것이 아니라 안으로 자율적 민족 통일을 찾고 밖으로 민족자결의 원칙을 찾는 새로운 민족운동에 의하여 자주독립에의 새 출발이 있어야 한다.

을 역임했다. 시대일보 사장으로 재직하던 1927년 신간회의 창립에 관여하여 그 부회장으로 선임되었다. 1928년부터 조선일보에 대하소설 『임꺽정』을 연재하여 한국 역사소설의 새로운 지평을 열기도 했다. 해방 후 조선문학가동맹 중앙집행위원장으로 지내다가 월북하여, 북한의 부수상, 최고인민회의 대의원 등을 역임했다.

남북협상의 의의
— 1948년 4월 30일

　우리는 지금 자멸 직전의 민족 위기를 다시금 인식하는 자이다.

　외세의 분점(分占)이, 그로 인한 국토의 양단이 독립을 저해하는 외부적 조건이라, 우리는 여기서 조국을 구출하여 독립을 얻자 하는 민족적 열망이 인류 공도(公道)에 통하건마는 미소(美蘇) 양강(兩强)의 상호 투쟁이 극으로 돌진하매 우리의 열망은 필경 약소민족의 비원(悲願)에 그칠 따름이요, 사상의 두 갈래와 그로 인한 민족의 분열이 통일을 저해하는 내부적 조건이라, 우리는 여기서 민족애에 귀일(歸一)하여 사천년래 골육으로서 단일의 본연에 돌아가자 하는 민중의 갈망이 민족적 도의(道義)로서 뚜렷하건마는 두 가지 사상의 상호 추세가 날로 격월(激越)하매 드디어 이 순간에 이르러 조국은 통일과 독립이냐 분열과 예속이냐의 절정에 도달한 것이다.

　우리는 이것을 자활이냐 자멸이냐의 최후적이요 결정적인 절정이라고 본다. 만일 이 순간에 우리가 민족적 총명(聰明)을 기울여 통일과 독립에로 자활의 혈로를 뚫지 못할 때에 남는 길은 분열과 예속으로 자멸의 비참한 운명을 자손만대에 상속시킬 것이다.

　우리는 혹은 미국을 믿었고 혹은 소련을 믿었다. 지금도 믿는 사람이 있다. 그러나 우리가 그들의 우호를 믿은 지 이미 3년에 무엇을 얻었는가. 우리가 원하는 통일독립이 아니라 원치 아니 하는 분열 예속인 것이다. 그런데 지금 이 순간에 이 분열과 예속을 국제적으로 합리화하려 하고 항구화하려 한다.

우리의 독립을 공약한 카이로선언에도, 포츠담선언에도, 남북의 분할을 상정한 바는 없다. 인권과 영토와 민족의 독립을 존중하는 국제헌장의 위신으로서도 이것은 허락되는 바가 아니다. 미소공동위원회도 조선 독립을 위하여 열렸던 것이거니와, 양군(兩軍) 점령하에 조선의 독립을 기필(期必)할 수 없으니 동시 철병(撤兵)으로써 조선 문제는 조선 민족에게 맡기자는 소련의 주장이 얼마나 정당한 주장이며, 남북을 통한 민주적 선거로써 인민의 표결에 의한 통일 정부를 세우게 하고 신탁 없는 독립을 허(許)하자는 미국의 주장은 얼마나 우호적인가. 그런데 우리는 아직까지 국제헌장의 위신 하에서 미국의 우호로서도, 소련의 주장으로서도 통일과 독립을 얻지 못하고 있다.

여기서 우리는 민족 위기의 배경으로서 미소의 알력과 상극을 파악하여야 한다. 이 미소의 알력과 상극은 전후 처리에서 사사(事事)에 노출되고 건건(件件)에 반복되는 중이어니와, 이른바 냉정 전쟁은 날을 따라 가열해 가고 그럴수록 약소민족의 자주권 내지 생존권은 그들의 도구로 희생되고 있으니 조선 문제도 필경 이 범주를 벗어나지 못하는 것이다.

조선에 독립을 주자는 말에서는 미소는 일치한다. 그러나 미국의 의도하는 조선 독립과 소련의 의도하는 조선 독립과는 일치하지 않는다. 뿐만 아니라 소련이 의도하는 조선 독립은 미국의 입장에서는 찬성할 수 없는 것이요, 미국이 의도하는 조선 독립은 소련의 입장에서는 찬성할 수 없는 것이다. 이래서 미소공위도 실패하였고 소련의 철병안도 미국에게 묵살되었으며, 미국의 총선거 주장도 소련이 반대한 것이다.

그런데 지금 남조선에는 미국의 제안을 채택한 UN 결의로서 소위 가능

지역의 선거를 실시하고 이 선거에 의하여 중앙정부를 수립하리라 한다. 그러나 명분이야 여하간에 소련과 그 블록의 보이코트한 UN 결의라, 이미 이것이 일방적 결의임을 면할 수 없고, 북조선이 참가치 않는 선거라, 이미 이것이 일방적 단선임을 면할 수는 없는 것이다. 그런지라 일방적 단선(單選)에 의하여 수립되는 정부는 누구의 필요로 이것을 중앙정부라 부르거나 실질에 있어서 단독정부를 면할 수는 없을 것이다.

허다면 이것은 무엇을 의미하는 것이며 어떤 결과를 초래할 것인가? 한마디로 줄여서 남조선에 대한 미국의 단독 조처요 분할 독립이며 이에 의한 국토 양단, 민족 분열의 국제적 합리화인 것이다.

이로써 조선 문제는 미소 상극의 심도를 더하게 하는 작용을 일으킬 것이요, 이것은 저 냉정 전쟁을 백열 전쟁(白熱戰爭)으로 폭발시키는 위험을 가지는 것이다. 그때에 남북 조선은 각기 미소의 전초 병참(前哨兵站)이 될 것이요, 조선 민족은 그 전쟁에 골육이 적대하는 참극의 도구가 될 것도 자명한 것이다.

미소는 각기 세계 경영의 입장에서 그 세력권을 다투기 위하여 혹은 전쟁을 원할는지도 모르며, 혹은 원치는 아니하나 불가피할는지도 모른다. 그러나 우리는 누구인가? 우리가 미국인인가? 소련인인가?

우리는 무엇 때문에 전쟁을 하여야 하나? 더구나 동족 전쟁을 하여야 하나? 우연한 상별(相別)이 38선의 단절로 서로 만나지 못하는 비애도 크거늘 누구를 위하여 무엇을 위하여 부자가, 형제가 총화(銃火)로 상대하여야 하나? 득(得)은 어부(漁夫)에 있고 실(失)은 우리의 생명인 이 동족 전쟁을 누가 원할 것인가?

남조선에는 단선(單選)이 강행될 것이다. 이로써 우리는 동족 전쟁 전야

(前夜)에 임하였다. 추세(追勢)에 이성을 잃은 사람이 아니고는 누구에게나 전율할 자멸 직전의 위기인 것이다.

그러면 우리는 이 위기의 절정에서 무엇을 깨달아야 할 것인가?

외력 의존의 허망함을 다시 한번 더 깨닫는 것이다. 사실 우리는 아니라 아니라 하면서도 그래도 외세를 믿는 마음이 있었다. 자력으로 적을 내몰지 못한 우리 처지로서는 적을 내몰기 위하여 이 땅에 진주하는 외군(外軍)을 환영할 수밖에 없었고, 그들이 우리에게 독립을 준다 하니 기다려 본 것도 사실이었다. 그들의 상극과 알력이 우리 문제를 포함한 모든 세계 문제에서 갈수록 격화할 때마다 우리는 우리 자신의 사활이 남의 손에 달린 비애를 아니 느낀 바 아니면서도 그래도 국제공의(國際公義)를 믿는 마음에서 혹은 어떤 서광이 있을 것만 같이 요행을 바라본 것도 사실이었던 것이다.

그러나 그 결과는 무엇인가? 오늘의 이 비참한 암담과 실망인 것이다. 그러므로 "우리는 우리의 독립 문제를 너무 외력에 의존하였다."는 김구 씨의 발언이나, 또는 김규식 씨의 "독립은 열강의 전쟁이나 혹은 그들의 평화 가운데서 오는 것은 절대로 아니다."라는 발언은 칠십 평생을 조국의 독립을 위하여 싸워 온 혁명 영수(革命領袖)로서 오늘의 이 위기의 절정에 서서 민족적 반성과 다시금 민족의 지향할 바를 계시하는 중대한 발언이라 할 것이다.

다 같이 반성할 때에 우리는 곁에 있는 외세를 믿기에 38선 너머의 동족을 못 믿었던 것이다. 저 소련의 동시 철병안이 제창되었을 때 남조선에는 어떤 모략과 선전에 의하여 민중의 심리 작용을 어떻게 유도하였던가? 남조선에서 미군이 철퇴하면 북의 인민군이 남하하여 이에 의한 남조선까지의 적화(赤化)를 면치 못하리라는 것이었다. 혹은 그럴는지 모른다는 의구

(疑懼)는 철병하자는 소련의 주장을 비소(鼻笑)하고 이를 묵살하는 미국의 태도를 지지하였다.

그러나 이에 의하여 어떤 결과가 나오는 것인가? 미국 군대는 남조선에 계속 주둔하여야 한다는 것이 되는 것이며, 이것은 소련군을 북조선에 그냥 주둔하라는 것이 되는 것이며, 그리하여 38선은 남조선 민중의 의사에 의하여—양군(兩軍)의 필요에 의하여서가 아니라 공산 정권의 남하를 방지하려는 남조선 민중의 희망에 의하여 필요하다는 논리를 미국과 미국을 지지하는 각국에 인정시키는 결과가 되는 것이며, 이것은 현재의 분점 상태를 조선 민중이 시인하는 것이 되며 그런지라 남조선에만이라도 단독정권을 세우는 것이 현실적이라는 논리를 만드는 결과가 되는 것이다. 이 얼마나 무서운 결과를 추리한 심리 작용의 유도인가?

우리가 이러한 민족 분열을 획책하는 심리 작용의 유도를 물리치고 민족적 입장에 돌아갈 때에 한 가지 간단한 사실을 발견할 수 있으니, 그것은 북도 우리의 골육이라는 그것이다. "공산주의자나 여하한 주의를 가진 자를 불문하고 외각(外殼)을 벗기면 동일한 피와 언어와 조상과 도덕을 가진 조선 민족이지 이색(異色) 민족이 아니다."라고 김구 씨는 갈파하였거니와 지금 우리는 이 동혈 동육을 믿지 아니하고 미워하며 또는 두려워하는 강박관념에 사로잡혀 있다.

남북이 이러한 강박관념으로써 불신과 증오와 의구를 가지고 모든 것을 정시(正視)하지 아니하며, 경청하지 아니하며, 이해하려 않고 있다.

혹은 말하기를 조선 민족끼리 불신과 증오와 의구를 가지는 것이 아니라 북조선을 지배하는 소련에게 그러할 뿐이라고 한다. 하다면 남조선은 어떤가? 민족적 입장에서 양심적인 모든 인민이 반대하는 단선과 단정에 끌려 들어가는 남조선 상태의 배후를 넘어다보는 북조선으로서 남조선에 대한 불신과 증오와 내지 의구는 부당할 것인가?

우리로서는 우리끼리의 불신과 증오와 의구를 가져서는 안 된다. 민족 독립을 얻은 후에도 이러한 불신과 증오와 의구는 민족의 건전한 발전과 번영을 저해시키는 위험한 것이거늘, 하물며 지금이랴. 아직 독립은커녕 통일조차 상실하고 있는 지금에 있어서랴.

아마 이러한 동족 간의 불신과 증오와 의구에 의하여 국토 분단과 민족 분열이 어떤 외국에게는 필요한 이익이 될는지 모른다. 그러나 민족 자체로서는 절대로 불필요한 자해(自害)가 아니냐. 그런데 지금 우리는 그러한 자해적 심리 상태하에 있는 것이다.

우리에게 이러한 자해적 심리 상태를 도발하고 선동하는 배경이 무엇인가를 냉엄히 관찰하는 동시에 민족적으로는 어느 부류에 속하는 사람들인가를 살필 때에 우리는 분연히 이러한 상태에서 벗어나 동혈 동육이 한 덩어리로 뭉쳐져야만 살길이 있을 것을 깨닫는 바이다.

"… 이러한 누란(累卵)의 위기에 처하여 피와 피를 같이한 동족끼리 마주 앉아 최후의 결정을 보고자 결연히 떠난다."고 김구 씨는 북행에 대한 심경을 피력하였다. '삼천만 동족이 한없는 지옥의 구덩이로 떨어지려는 것을 보고만 있을 수 없어서 외국인의 유혹과 국내 일부의 반대를 물리치고 결연히 떠나가는 것'이라 하거니와 그 염두에 오직 민족의 통일이 있을 뿐이며 동족이 대좌(對坐)하면 못 풀릴 실마리가 없을 것을 지성으로 민족 앞에 읍소(泣訴)하는 것이라 할 것이다.

이러한 지성(至誠)과 지성이 피로써 통하여 조국의 통일독립에 귀일할 때에 우리의 전도에는 다시금 희망이 있다. 비로소 우리는 먼저 내부적 조건을 극복함에 의하여 외세로 하여금 상극할 조건을 말살시킬 수 있다고 믿는 것이며, 남북협상은 이러한 희망과 신념으로써 민족 독립을 민족 자력으로 전취하려는 감격적인 신출발이라 할 것이다.

그러므로 이번 남북협상은 이것이 외세에 의한 공작이나 또는 거기 의한 추수(追隨)에서 구상된 것이 아니라 외세에 실망하여 민족의 위기를 강조하고 우리끼리 우리 자신의 문제를 해결하자는 자율적 구상인 점에 우선 그 의의의 중대하고 비장함을 느끼는 것이다. 처음 김구, 김규식 양 씨(兩氏)의 북조선 김일성, 김두봉 양 씨에의 송함(送函)에 있어서

1. 우리 민족의 생존과 멸망을 결정하며 국토의 영원 분열과 완전 통일을 판갈이하려는 최후의 순간에 민족국가의 자유독립을 위하여 40, 50년간 분주(奔走) 치력(致力)한 애국적 양심은 수수방관을 허(許)하지 않는 것.

2. 아무리 외세의 제약을 받고 있는 우리의 현실일지라도 우리 일은 우리가 하여야 할 것.

3. 자체가 지리멸렬하면 우방의 호의도 받지 못하는 것.

4. 우리 문제는 우리 자신만이 해결할 수 있다는 것.

을 확신하는 충정이 피력되었고, 북으로부터의 회한(回翰)에서도

1. 우리 조선 인민의 자주적인 민족적 존립을 위협하는 가장 위급한 단계인 것.

2. 남조선 단독정부 수립은 통일적 민주주의 자주독립 정부 수립에 대한 전 조선 인민의 숙망(宿望)이 매장되는 것.

3. 외국 군대가 동시에 즉시 철퇴한 후 조선 인민 자신이 민족적 민주주의 정부를 수립토록 투쟁하며,

4. 조국 통일과 독립을 추진시키는 공동 목적과 구체적 계획을 위하여

남북 조선의 모든 민주주의 정당·사회단체 대표자 연석회의를 제의하여 온 것이다.

여기, 오고가는 지정(至情)이 오직 자주적 민족 독립의 지상 명제에 응결된 것을 볼 수 있다. 우리에게 물론 좌우가 있고 보수파와 진보파가 있는 것은 사실이며 또 피할 수 없는 실정이다. 따라서 계급을 초월할 수는 없을는지 모른다. 그러나 이보다 더 중대하게 우리는 민족을 초월할 수 없다는 것이다. 그래서 '우리는 전 민족의 정치적 역량을 결합하여 세계 각국에 대하여 민족 생존권을 주장하고 미소 양국에 대하여 민족 자결권을 요구'l7요인(七要人) 성명하는 정정당당한 자기주장을 내세우는 것이다.

더욱이 북행하면서 김 박사의 주장하는 바 5원칙

1. 여하한 형태의 독재라도 이를 배격하고 진정한 민주주의 국가를 건립할 것.

2. 독점자본주의 경제 제도를 배격하고 사유재산제도를 승인하는 국가를 건립할 것.

3. 전국적 총선거를 통하여 통일 중앙정부를 수립할 것.

4. 여하한 외국에도 군사기지를 제공치 말 것.

5. 미소 양군 조속 철퇴의 조건, 방법, 기일을 협정하여 공포할 것을 주장할 것.

등이 민족적 통일 의사로서 합치되고 이러한 건국이념의 실천을 본다 하면 여기 독재 없고 착취 없고 외국의 간섭 없는 자유국가의 건설을 볼 수 있을 것이다.

이제야 우리는 외부적 조건에 의하여 통일과 독립을 바라던 의존심에서 벗어나는 것이다. 미소공위가, UN 결의가 모두 다 조선 독립을 조선 민족의 입장에서 구상하는 것이 아닌 것도 깨달았으며, 그들이 주는 독립을 우리는 받기만 하는 것으로 생각하던 과오도 청산할 것이다. 지금까지 우리는 이러한 과오로 인하여 고가의 희생을 지불하였다. 그러나 이제 더하면 우리는 멸망할 위기에 선 것이다. 독립은 남이 주는 것이 아니다. 우리 힘으로 우리가 뭉쳐서만 얻을 수 있는 것이다. 이제 우리는 그러한 단계를 지향하는 것이다.

이 길이 쉬운 길이 아닌 것을 모를 사람은 없다. 물론 난사업(難事業)임에 틀림없는 것이다. 그러나 우리가 자주와 독립을 단념하지 못하기 때문에 이것은 단념할 수 없는 것이며, 통일이 있고서만 독립의 가능을 믿을 때에 더구나 단념할 수 없는 것이다. 역사는 어느 국가 어느 민족의 독립과 자주도 저절로 타국 타민족의 원조만에 의하여 이루어진 전례를 보여주는 바가 없지 아니한가. 이 길이 어렵다고 단념하면 그다음에 오는 것이 무엇일 것은 이미 더 설명을 필요치 아니 한다.

그러므로 우리에게 이 길은, 이 자주 자결의 자율적인 통일 공작은 우리의 자립을 위하여 유일의 혈로인 것이다. 설사 이 길을 제쳐 놓고 어떤 지름길이 있을지라도 그 길은 안이할수록 패망과 자멸의 길일 것이요, 통일과 독립의 길이 아닐 것을 깨달으면 깨달을수록 이 혈로는 유일의 혈로일 것이다.

그러므로 전 민족의 역량을 이 유일의 혈로에 기울일 것이다. 일체의 외국의 간섭을 반대하고, 일체의 외국의 강제를 반대하고, 일체의 외국의 협위(脅威)를 반대하고, 두 가지 사상을 하나의 조국에 바치기로 할 것이다. 두 개의 진영에의 분열에서 부질없이 소모되는 민족적 정력을 한 곬으로 쏟아야 할 것이다.

우리는 소련에 없는 정치적 자유와 미국에 없는 경제적 평등도 우리끼리만 뭉치면 가질 수 있는 것이다. 미국에 추세(趨勢)함으로써 이익을 얻으려는, 소련에 추세함으로써 권력을 가지려는 사심(私心)과 사욕(私慾)만 없다 하면 이것은 가능한 것이다.

그런데 미국은 이 남북협상을 냉소한다. 냉소는 더욱 변하여 흥분한 어조와 격월(激越)한 문자로 점철된 성명의 연발을 보게 되었다. 공산주의의 주구라 노예라 하는 등의 저속한 문구는 미숙한 조선 정계의 분열 상쟁에서 습득한 모양이거니와 북행한 인물들은 민족을 대표할 하등의 자격이 없는 개인이며 그들은 소수파에 속하는 인물이라 한다.

북행한 각당 각파의 대표자는 그 공식 성격이 그 소속 정당과 단체의 대표자이므로 물론 투표에 의한 공선(公選)의 민족 대표는 아니다. 허나 우리는 아직 통일된 선거에 의한 민족 대표를 가지지 못했을 뿐더러 앞으로 미국도 그러한 대표를 상대할 수는 없을 것이다. 이번 선거는 단선(單選)이요, 거기 참가한 것은 분명히 일당과 일파뿐이기 때문이다.

또 소수파라는 견해에 대하여서는 일찍 미국의 방침하에 미국의 권고에 의하여 좌우합작이 추진될 때 선정된 인물이 김규식 박사인 것을 우리는 기억하는 것이며, 이번 UN 위원단 내조(來朝) 이래 남조선 선거에 김구, 김규식 양 씨의 동의와 협찬을 구하려는 공작이 공개, 비공개적으로 얼마나 빈번하였던 것도 기억하는 것이다.

일국의 외교정책은 불변의 것은 아닌 것이며 일단 변하고 나면 과거 정책에 구애함이 없이 변환된 방침에 충실한 것을 물론 이해하는 것이다. 그러므로 일찍 좌우합작을 추진시키던 지나간 일을 따질 필요는 없는 것이요, 다만 남북협상을 냉소하는 미국의 정책은 UN 결의에 의한 가능 지역

선거의 권위를 잃지 않으려는 것임을 모르지 아니하는 바이다. 그러나 조선 민족으로서는 통일에의 간절한 염원을 변할 수는 없는 것이다. 설혹 미국으로서는 조선 민족의 좌우합작을 단념하고 미소공위를 단념하고 내지 세계 문제 전반에 걸쳐서 소련과의 협조를 단념하고 냉정 전쟁에 열중하되 조선 민족은 조선 민족의 입장에서 민족 통일을 단념할 수는 없는 것이다.

하물며 우리는 우리의 지리적 운명과 여기 결부되어 있는 미소의 전략과 현재 미소의 심각한 상극과 그리고 삼팔선의 미소 국경화의 실정에 비춰서 우리는 우리 국토가 폭발의 위험을 가진 화약고라는 것을 인식하고 있다. 만일 미소의 냉정 전쟁이 백열 전쟁(白熱戰爭)으로 폭발한다면 이 조선 민족은 지극히 위험한 상태에 있으니 그것은 이미 전항에서 우리가 동족 전쟁을 겪을 우려까지를 지적한 바이다. 그러므로 우리는 누구보다도 미소의 화평을 갈망하는 것이다. 어서 속히 미소는 화평리에 이 조선에서 물러가 주고 우리는 이 긴장한 위험한 사태에서 해방되기를 갈망하는 것이다. 설혹 미소의 대립 상태는 이 조선 문제 하나뿐 아니라 전후 처리 전반에 걸친 것이므로 쉽사리 그 화평을 바랄 수 없는 한이 있을지라도 이런 경우에 우리는 최소한도로 조선 문제 때문에 미소가 충돌되는 것만이라도 없기를 바라는 것이다. 그러면 이러한 우리의 희망은 우리로 하여금 우리 민족 자체의 분열에서 일어나는 미소의 알력만이라도 없이하는 노력이 필요한 줄로 알고 있다. 적어도 조선 민족으로서는 통일된 민족 의사로 미소를 상대함으로써 미소가 각자의 필요에서 조선을 위해 준다는 음성적 작위로 인한 충돌만이라도 없이할 필요가 있는 것이다.

그러므로 이 민족적 통일로 민족 자체의 생존을 위한 민족적 행동을 반대할 권리는 아무 나라에도 없는 것이다. 그 권리가 없는지라 타민족의 골육상쟁을 외교정책의 도구로 삼는 것은 인류 공도(人類公道)와 국제 정의(國際正義)에 있어서 부당한 일이라고 우리는 믿는다.

그럼에도 불구하고 이에 추세(趨勢)하는 사람들이 스스로 이러한 타국의 외교정책의 도구로 화하여 골육의 상회(相會)를 비방하고 자율적 통일을 애써서 반대하는 것은 민족 도의에 어긋나는 비겁한 행동이라고 할 것이다.

미국은 말하기를 남북협상은 결국 공산주의의 주구에 의하여 조선 민족을 공산주의의 노예로 삼는 소위라고 한다. 그러나 이 시사(示唆)에는 미국이 조선 민족은 자본주의의 주구에 의하여 자본주의의 노예 되기를 거부하는 데 대한 분만(憤懣)으로 인하여 흥분이 섞여 있다는 사실을 우리는 지적하지 않을 수 없는 것이다.

따라서 이러한 흥분은 무용(無用)의 흥분이다. 우리는 자본주의의 노예 되기를 거부하는 동시에 공산주의의 노예 되기도 거부하는 것이다. 이러한 점에서 미소는 각기 자국의 입장에서 약소민족의 주권을 흔들지 말고 우리 약소민족도 자유로이 살 수 있도록 우리의 자주와 자결에 맡길 것이다. 누가 무엇이라 하던가 우리는 우리 의사에 의하여 국가를 세우고 정치, 경제 제도를 선택할 자유를 주장하는 것이다.

"흥해도 우리 손으로 흥하고, 망해도 우리 손으로 망하자."고 김규식 박사는 말하고 그래서 "우리는 지금 우리 독립 문제에 우리 산 사람으로서는 마지막 길을 걷는다는 것을 알아야 한다. 남북협상(南北協商)은 독립운동의 막다른 골목이다."라는 비절(悲絶)한 심정은 전 민족의 비절한 심정에 통하는 것이다.

나도 이러한 심정에서 남북협상을 성원하는 성명에 문화인 108인의 일인(一人)으로 서명하였다.

3·1정신의 재인식

— 1948년 3월 10일, 『새한민보』 제2권 제5호

설혹 외세의 원조로 이른바 정치적 독립을 얻는다고 할지라도 우리에게 이 근본적인
개개인의 인격혁명을 완수하고 개개인이 자주민의 자질을 가지는 날에야 비로소 진
정한 민족독립은 우리 두상(頭上)에 빛날 것이다.

1.

29년 전 기미년 3월 1일을 회상하면서 오늘의 이 3월 1일을 기념하는 민족의 비분(悲憤)은 너무도 뼈를 저리게 하는 바 있다.

우리는 일찍 외적의 총검하에서 이날 자주독립을 선언하며 빈주먹으로 만세를 불렀던 것을 돌아본다. 아무에게도 이론(異論)이 없이, 성(成) 불성(不成)의 의구(疑懼)를 꺼리는 맘이 없이 오직 민족 독립의 일념에 완전히 귀일되었던 것을 돌아본다. 이래로 적치(敵治)의 포학이 계속하는 동안 말없이 맞는 이 3월 1일마다에 새삼스럽게 민족독립의 일념이 응결되어 온 것을 돌아본다. 그런데 오늘의 이 3월 1일은 어떤가?

해방 이후 당연히 3월 1일은 그중 뚜렷한 국경일이 되었다. 따라서 이날이야말로 집집이 떡을 치고 거리에는 때때옷 입은 2세들이 선대의 혁명의 구호였던 만세를 부르며 즐겨야 마땅할 것이다. 함에도 불구하고 거리거리에는 가로수처럼 늘어선 국립경찰의 총검이 번득이고 있다. 사복(私服)의 긴장한 혈안(血眼)이 송구(悚懼)한 행인을 감시하고 있다. 옥외의 기념행사는 관권(官權)의 통제한 바 되었고 사람 사람이 누구의 마음에나 이날이 무사히 저물기를 초조히 기다릴 뿐이다.

슬프다. 이 살벌과 음울이 어디로부터 유래하였는가.

우리는 지금 부당하게도 민족 통일을 상실하였다. 과거에는 오직 외적에 향하여 거족적인 항쟁을 할 수 있었으나 이제 우리는 분열되어 상잔적(相殘的)인 내쟁(內爭)에 열중하고 있다. 분명히 기미년 3월 1일을 기념하는 것이면서 기미(己未)와 삼일(三一)의 두 갈래가 있고 대한과 조선의 갈등이 있다.

분열된 두 갈래의 상충과 갈등은 드디어 어느 편에나 이성을 상실시켰다. 폭력적인 반항이 있고, 그래서 총검의 탄압이 있다. 탄압은 다시 반항을 낳고 반항은 다시 또 탄압을 낳고 있다. 거족적임을 요청해야 하는 특별한 기회마다 이래서 살벌과 음울은 특별히 더하는 바가 있으니 오늘 3월 1일의 국경일도 이렇게 살벌하고 음울하다.

그러나 우리는 이 살벌과 음울 속에 민족적 기백을 소침(消沈)시키기에는 우리에게 단념할 수 없는 장래가 있다.

내년의 3월 1일이 있고 5년 후의 3월 1일이 있고 50년 후의 3월 1일이 있다. 그보다 더 먼 장래–백 년, 천 년, 만 년 후의 3월 1일이 있다. 이 민족 장래에 불멸할 3월 1일을 위하여 다시 또 오늘처럼 살벌과 음울이 있어서는 안 된다.

2.

첫째로 우리는 기미년 3월 1일에 통일 민족으로서 민족 독립이라는 지상명제 아래 통일된 혁명을 일으켰다. 그런데 지금은 기미와 삼일로 분열되어 이날을 기념한 것이다. 예나 지금이나 민족 독립이 지상명제이기는 마찬가지라 하면 지금 분열되어 있는 기미나 삼일이나 다 같이 이 변할 수 없는 민족 독립의 엄숙한 지상명제 앞에 가슴을 두드려 볼 필요가 있다. 너도 나도 모두가 기미년 3월 1일의 민족 독립을 외치던 그 일념하에 귀일할 필요가 있다.

분명히 기미년 3월 1일이다. 기미나 삼일이나 모두가 민족적 견지에서는 쪼개진 반쪽임을 통감할 때에 민족 자아의 광복을 위하여 우선 민족적으로 통곡할 필요가 있다. 지상의 대한독립만세나 지하의 조선 독립만세나 진정코 민족의 독립만세를 외치려거든 먼저 각자의 만세가 반쪽의 대변인 것을 수긍할 필요가 있다.

둘째로 우리는 기미년 3월 1일의 봉기는 자주적이었음을 회상하는 것이다. 누구의 지식을 빌린 것도 아니요, 누구의 전술을 배운 것도 아니요, 또 누구의 후원을 받은 것도 아니다. 하물며 누구의 명령을 받은 것도 아니다. 민족자결의 원칙을 들은 그것 하나만으로써 우리도 우리 운명을 자결하려고 궐기하였던 것이다. 누구의 동정이나 지원을 받지 못할지라도 우리는 우리 스스로의 '민족적 의사를 쾌히 발표'하였던 것이다.

그런데 오늘은 어떤가. 우리는 과연 전 민족이 다 같이 민족적 의사를 쾌히 발표하고 있는가. 북에는 태극기보다 붉은 기가 더 힘차게 날고 있다. 붉은 깃발이 나는 방향으로 태극기도 날려야만 한다. 남에는 태극기보다 성조기의 권위가 더하다. 성조기가 나는 방향으로 태극기가 날려야 합리적이라 한다. 29년 전에 우리는 '자주할 수 없는 환경'에서 자주적으로 자주를 외쳤다. 그런데 오늘은 '자주할 수 있는 환경'에서 자주정신을 상실하였다는 것을 인식할 필요가 있다. 그래서 말로는 자주라 하나 괴뢰적 자주를 외치고 있다. 이 자주정신을 회복한 후가 아니고 우리에게 진정한 자주는 있을 수 없는 것이다.

셋째로 우리는 기미년 3월 1일의 궐기는 폭력에 대항하는 비폭력운동이었던 것을 회상하는 것이다. 물론 우리는 우리 자신의 취약함을 모르지 아니하였다. 몸에는 촌철(寸鐵)이 없는 채 적에게는 총검이 있었다. 적의 총검은 우리의 알몸뚱이를 엄습하였다. 그러나 우리는 일어섰다. 적의 개인에게 위해를 가함이 없이 오직 우리는 우리의 피를 흘렸던 것이다.

그런데 오늘은 어떤가? 이제 우리 조선 사람은 조선 사람을 적으로 대하고 있다. 피를 피로 갚되 이것이 동족 간의 골육의 상쟁인 것이다. 역사는 골육상쟁이 무엇을 결과한다는 것을 너무도 분명히 교훈하고 있건마는 우리는 지금 골육이 상쟁하고 있다.

이러한 사태에서 우리가 벗어나지 않는 한 3월 1일의 기념은 3·1정신과는 하등의 관련없는 그래서 하등의 의미 없는 날임을 면할 수 없는 것이다.

3.

그러므로 우리는 진정한 3·1정신을 살려서 이 민족의 진정한 자주독립을 전취(戰取)하기 위하여는 먼저 우리 자신에게서 오늘날 3·1정신에 위배되는 근본적 결함을 청제(淸除)할 필요가 있는 것이다.

통일하여야 하고 골육상쟁을 그쳐야 하고 그리고 자주적이어야 한다. 이렇게 되지 못하면 아무때의 3월 1일도 그 식이 장식으로 독립 못 한 민족의 독립하자는 기념일 뿐이요, 독립한 민족의 독립하자던 기념일은 될 수 없을 것이다.

생각이 여기 미칠 때에 우리는 처음에 3월 1일도 그것이 그냥 민족 독립을 갈망하는 의욕의 발현일 따름으로서 독립을 누릴 만한 자질을 구비하고서 궐기한 것이 못 되었음을 반성할 필요가 있다.

한 민족의 독립은 결코 그 민족의 독립하려는 의욕만으로써 되는 것은 아니다. 어느 때 어느 민족이 독립이 싫어서 즐겨 남의 노예가 되었는가. 결국 자주할 능력이 없을 때에 그 의욕이 아무리 장할지라도 소용 없는 일이다.

3·1운동을 통하여 발휘된 우리 민족의 정당한 의욕도 그 장하고 위대함에서는 이것이 비단 우리 민족만의 자랑이 아니라 실로 약소민족의 장렬한 투쟁으로서 세계사상(世界史上)에 특기할 바이기는 하나 또 한편으로 이것이 그때에 성공되지 못한 이유로서 우리 자신의 자주할 능력이 구비치 못하였던 것을 명심할 것이다. 좀 더 소급하여 우리가 망국의 한을 품었던 그 사실 자체에도 우리의 힘이 부족하였던 때문인 것을 명심할 것이다. 허다면 잃었던 나라를 찾는 방법은 나라를 잃었던 그 원인을 제거하는 그것임에 불구하고 망국 10년에 아무런 준비도 계획도 없는 채 기미운동을 일으켰던 것이다.

기회라는 것은 언제나 실력의 준비가 있는 자에게만 포착되는 것이다. 저 민족자결의 원칙이 선양되던 기미년이 우리로 하여금 망국의 한을 풀고 민족 자아를 광복할 수 있는 기회였으나 우리에게는 결국 실력이 없었다. 기회라 하면 8·15해방 또한 절호의 기회임에 틀림없으나 그러나 해방 이후로 이미 세 번째 맞이하는 3월 1일은 의연히 독립 못 한 민족으로서 독립하자는 기념일이요 독립한 민족으로서 독립하자던 기념일은 아닌 것이다. 이 비통한 사태를 설명하는 여러 가지의 이론이 있고 그 책임을 전가하는 여러 가지의 비난이 있다. 그러나 결국 우리가 통일을 상실한 것, 자주를 상실한 것, 동포애를 상실한 것 이상의 더 중대한 이유가 무엇이며, 이 책임이 어째서 내게는 없고 남에게만 있는가.

　자아 혁신 없이 통일이 없는 것, 실력의 준비 없이 자주가 없는 것, 동포애가 없이 조국애가 없는 것을 이날에 우리는 다시 한번 허심탄회하게 깨달을 필요가 있다고 본다. 우리가 아직도 독립하지 못한 것은 이러한 결함의 시정이 없기 때문이다. 설혹 외세의 원조로 이른바 정치적 독립을 얻는다고 할지라도 우리에게 이 근본적인 개개인의 인격혁명을 완수하고 개개인이 자주민의 자질을 가지는 날에야 비로소 진정한 민족독립은 우리 두상(頭上)에 빛날 것이다. 여기 3·1정신의 재인식이 요청되는 바이며 3·1정신의 재출발이 요청되는 소이(所以)가 있다.

일본의 야욕(野慾)

— 1947년 9월 1일,《주간 서울》제1권 제2호

일본은 지금 지극히 공손한 태도로 미국에 복종하고 있다.
그러나 현명한 관찰이면 이것만으로써 일본이 민주화하는 증거가 아닌 것을 알 수 있을 것이다. 그들은 지금 어떻게든지 미국에 아부하고 복종하는 가식으로서 어떻게든지 부러진 칼을 다시 갈고 권토중래(捲土重來)를 도모하고 있다.

우리는 너무도 쉽사리 왜적(倭敵)을 망각하였다고 필자는 탄식한 적이 있다.

망국의 치욕과 40년 노예로서의 아픈 기억과 민족 만대(萬代)에 포기할 수 없는 적개심이 어느새 사라져 가는 듯하다.

뉴욕 해럴드 트리뷴지의 6월 20일 부(附) 사설에 의하면 미국의 정책은 조선 점령에 대하여 일본 점령의 지엽 문제 이상의 사려를 불(拂)한 일이 별로 없고 어떤 점에서는 일본인이 도리어 우대를 받는다 하였는데 이것이 미국과 일본의 '어떤 장래의 필요'가 합치된 결과가 아니겠는가를 우리는 깊이 생각할 필요가 있다.

일본은 지금 지극히 공손한 태도로 미국에 복종하고 있다.

그러나 현명한 관찰이면 이것만으로써 일본이 민주화하는 증거가 아닌 것을 알 수 있을 것이다. 그들은 지금 어떻게든지 미국에 아부하고 복종하는 가식으로써 어떻게든지 부러진 칼을 다시 갈고 권토중래(捲土重來)를 도모하고 있다.

소련《이스베스챠》지*는 "일본은 침략자가 아니라 희생자였다는 견해

---

* **이스베스챠 지** 러시아에서 발행되는 일간신문《이즈베스티야(Izvestiya)》를 지칭한다. 1917년 모스크바에서 발간되기 시작했다. 구 소련 정책을 국민에게 선전하고 교육하는 국영지였다. 『프라우다』

인 듯하다."고 일본의 괘씸한 저의를 신랄히 간파하였다. 과연 저 요시다(蘆田) 외상(外相)의 쿠릴열도(千島列島)* 재요구의 성명, 소위 일본 민주주의자 세 명 중의 하나요 일본 입헌정치의 원로라고 미국이 칭양(稱揚)한 오자키(尾崎行雄)**의 '조선, 만주, 대만 급(及) 류쿠열도(琉球列島)를 임시적으로 UN 감시하에 두고 그 후 인민투표를 실시하여 독립 혹은 인접국과의 합병 문제를 결정할 것'이라는 광폐(狂吠), 7월 16일 일본을 시찰한 미국 기자단에게 재일본 오키나와 사람(沖繩人) 41명을 시켜서 오키나와(沖繩)를 일본에 환부(還附)시켜 달라는 탄원을 사주한 일 등을 우리는 어떻게 해석할 것인가.

일본은 그 헌법상에서 아무리 전쟁을 포기하였다 할지라도 그 저의에 침략 사상을 포기하지 않았다는 증거가 조선 · 만주 · 대만 등 남의 강토를 강탈하였던 죄악을 참회하기는커녕 될 수만 있으면 다시금 자국과의 합병을 꿈꾸는 것으로 확실하다. 그런데 이 야욕을 분쇄할 만한 독자적 실력을 발휘할 만큼 우리는 통일되어 있는가.

가령 우리는 약하나 새 세계의 정의를 믿는다고 하자. 그래서 일본의 영토적 야욕은 새 세계의 정의가 이것을 용인하지 않는다고 하자.

그러나 그들은 지금 많은 식민지를 잃고 패잔의 본국 초토(焦土) 위에 옹

가 소련공산당의 공식적인 기관지였다면,《이즈베스티야》는 소련 정부의 공식적 입장을 대변했다.

* **쿠릴열도(千島列島)** 러시아 사할린주 동부의 도서군 쿠릴열도(Kuril Islands)를 지칭한다. 일본에서는 이 열도를 지시마 열도[千島列島]라고 부른다.

** **오자키(尾崎行雄, 1858-1954)** 일본의 정치인 '오자키 유키오'를 지칭한다. 일본 의회정치 초기부터 전후까지 중의원 의원을 맡아 당선 횟수, 의원 근속연수, 최고령 의원 등의 분야에서 일본 내의 기록을 갖고 있다. '헌정의 신', '의회정치의 아버지'로 불린다.

송그리고 있다. 계제(階梯)만 있으면 거류권(居留權)쯤 요구할 날이 없으리라고 누가 보증할 것인가. 물론 우리는 적어도 일본의 독아(毒牙)로부터 입은 상처가 완전히 낫기까지는—그리고 그들이 강도가 아니라 진실된 선린(善隣)인 것이 확인되는 날까지는 절대로 용납하지 못할 그들의 무리한 망상인 것이다. 그런데 이 망상을 거부할 만한 독자적 실력을 발휘할 만큼 우리는 통일되어 있는가.

하물며 그들은 지금 조선에 두고 간 재산을 자기들의 재산으로 오인하고 있다. 그래서 될 수만 있으면 이 재산을 배상(賠償)의 대상으로 생각하려 한다.

그러나 그들의 조선에서의 40년 강도 행위는 이미 세계의 상식이다. 그들의 두고 간 재산은 그들의 투자가 아니라 조선 인민의 고혈과 조선 자원에 의한 축자(蓄資)요 축자 중에도 일부분에 불과하다.

그러므로 우리는 지금 이 땅에서 불려지는 소위 적산은 일본인의 재산이 아니며 그런지라 전승국의 승리품도 아니요, 본래부터 조선 인민의 재산인 동시에 우리는 더 찾아와야 할 것을 주장하는 자이다. 그런데 이 주장을 관철할 만한 독자적 실력을 발휘할 만큼 우리는 통일되어 있는가.

미국 하원 군사위원 쇼트 씨는 일찍 조선은 세계 최대의 위험지구라 단정하면서 미소전이 열리는 날 일본은 미군복(美軍服)을 입을 것이라 하였다. 동시에 우리는 석일(昔日)의 관동군 오십만이 소련 배하(配下)에서 소련식 군사훈련을 받고 있다는 공연한 비밀을 듣고 있다.

이 두 가지 사실은 만약 미소전이 열리는 날에는 바로 이 조선땅이 전장(戰場)으로 화할 가능성에 관련되는 것이라고 필자는 두려워한 바 있지마는 제2차 세계대전에서 프랑스 전선에서의 생생한 수법을 상기할 때에 군사학자가 아닐지라도 미국은 조선땅을 지키기 위한 조급한 전술에 의한 희생을 피하여 동경쯤에 사령부를 두고 전선에는 미군복 입은 일본인이 등장할 것은 명약관화라 할 것이다.

소군(蘇軍)의 전선에도 소군복(蘇軍服) 입은 일본인이 등장할 것이다. 조선은 저들 이리떼와 같은 왜적의 독아에 물렸던 고기로되 왜적에게는 억지로 뱉어 놓은 고기라, 정말 복수해야 할 자가 조선임에 불구하고 뒤집혀서 우리가 지금 그들에게 복수의 대상이 되어 있다는 것을 생각할 때에 미소의 의도는 여하하였거나 다시금 무기를 들고 현해탄을 건너오고 두만강을 건너오는 왜적에게 무기 없는 이 민족은 어떤 참화를 입을 것인가.

거기다가 미소 어느 편이 승하거나 패하거나 간에 일본은 일본의 생존을 위하여 조선 내지 동양에 대한 발언권이 증대할 것이며 이 증대한 일본의 발언권이 우리의 생존에 어떤 영향을 가져오리라는 것은 40년간의 피 묻은 기록 이상에 더 다른 무슨 논증이 필요할 것이냐. 그런데 이것을 막아낼 독자적 실력을 발휘할 만큼 우리는 통일되어 있는가.

이러한 모든 의구를 반드시 망령된 기우라고 비소(鼻笑)하는 자 누구냐. 우리는 백 가지 참해(慘害)가 있을지언정 하나의 이득이 있을 수 없는, 결코 우리를 위한 미소의 전쟁이 아니건마는 어리석게도 이것을 기대하는 소리를 조선 사람의 입에서도 듣지 않는가.

물론 우리의 이 민족적 초위기는 우리 스스로만이 조작한 것은 아니다. 그러나 이것을 더욱 양성시키는 책임의 일반(一半)은 우리 스스로에 있다. 분명히 있다. 이 민족적 초위기를 노려보고 있는 왜적을 다시금 정시(正視)하자. (1947. 8. 12.)

*   *   *

이 글을 쓰던 때는 일본의 재무장이라는 것을 다소 지나친 의구처럼 아는 이가 많았다. 실상 나 자신으로서도 왜(倭)에 대한 적개심의 환기라, 상정할 수 있는 '만일의 경우'를 지적함으로써 우리의 생존을 위한 자위적 견지에서도 시급한 민족 통일을 외치는 의미에서 이 글을 썼던 것이다. 그런데 우리는 아직 통일과 독립을 찾지 못하고 일본의 재무장은 드디어 은폐할 수 없는 구체적 사실로 나타났다. 그리하여 우리의 운명에는 또 하나의 커다란 흑점(黑點)이 발생하고, 그것이 점점 커 가는 중이다. (1948. 6. 1.)

일본의 재무장(再武裝)

— 1948년 6월 5일, 미발표
* 『민정』1권1호(1948. 9. 1.) 목차에는 나타나 있으나, 원문 확인안됨.

3년 전 일본의 패망은 실로 그 무력적 패망인 동시에 덕력(德力)의 파산자로서 3백 연래 그 관영(貫盈)한 죄악에 말미암은 것이다. 만약 이 종족이 도덕적으로 재생하기 전에 그 무력부터가 재흥한다 하면 그는 또 그 영맹(獰猛)하기 표랑(豹狼)과 같은 '민족적 본능'을 발휘하여 인방(隣邦)을 침해할 것이 명약관화요, 이로써 동양 내지 세계 평화의 재건은 서기(庶幾)할 수 없는 것이다. 그런데 미국은 다시 그들에게 무력을 허(許)하려 한다.

1.

아시아에는 지금 미국 원조하에 부흥하려는 한 나라가 있다. 그것이 해방된 우리 조선도 아니요, 전승 연합국의 일원인 중국도 아니라, 일찍 조선을 노예화하고 중국을 침략하고 미국에 선전(宣戰)하였던 일본이라는 사실에 직면하여 우리는 아시아의 내두(來頭)의 운명에 새삼스러운 의구를 금하지 못한다. 이 부흥이 단순한 경제 부흥일지라도 일본 자체의 자급자족의 한계를 넘어서는 한 자본주의 일본의 아시아에서의 발호(跋扈)를 예단(豫斷)할 수 있는 바이거늘, 하물며 그 군사적 부흥이라는 것이 명백함에 있어서랴. 수백 연래 동양의 암(癌)이요, 20세기 세계 평화의 화근인 군국주의 일본의 재무장이라는 이 엄연한 사실에 직면하여 우리는 동양 내지 세계 평화에 대한 의구를 금하지 못하는 바이다.

작년 8월 군수공업가 아유가와(鮎川)*, 나카지마(中島) 등을 포함한 전범

---

* **아유가와(鮎川, 鮎川義介, 1880-1967)** 일본의 사업가·정치인 아이카와 요시스케를 지칭한다. 닛산 자동차의 전신인 닛산 콘체른의 창립자이다. 1928년 구하라 광업의 사장으로 취임해 회사명을 닛산으로 개칭했다. 1937년에는 닛산을 만주국으로 옮겨오고, 만주국 고문, 내각 고문 등을 겸임했다. 전후 1945년 12월에 체포되어 스가모 구치소에서 20개월 동안 갇혀 있었다. 1953년 참의원에 당선되었다.

자(戰犯者) 23명을 석방한 뒤에 미국으로부터 처음에는 경제원조라는 명목으로 중요 공장이 배상 대상(賠償對象)에서 제외되는가 하였더니 그 중요 공장인즉 45개의 나카지마(中島) 비행기공장을 포함한 모든 군수공장인 듯하며, 이러한 공장은 일보 더 나아가서 재강화 태세에 있을 뿐 아니라 모든 비행장이 다시금 정비되는 모양이고 새로이 아오모리(青森)에는 9,500척(呎, feet)의 활주로를 가진 비행장이 신설되었다.

중국 문화인(680명이 서명한 성명이 지적하는 바에 의하면 요코스카(横須賀), 쿠레(呉), 사세보(佐世保) 등의 군항(軍港)은 파괴는커녕 미국 기계에 의하여 최신식으로 재정비되었다고 하고, 연합국의 소유로 분배될 줄 알았던 28척의 구축함과 잠수함이 해상 밀수 방지의 필요라 하여 일본에 수도(手渡)되었다 한다. 다시 조선인의 밀수 방지라는 명목으로 해상 경비 행정이 허가되고, 이에 의하여 38척의 군함과 125척의 함정이 수도되었다 한다.

항복 후 군복을 벗기운 군인들은 거류민 분대(分隊)라고 위장된 군사 단체에 소속되어 농촌 개척이라는 가면을 쓰고 지방 농촌에 침투되어 있는데, 여기 소속된 자가 12만 4천 명이요 일본 정부의 발표를 보아도 이러한 파쇼적 군사 단체가 1,260개나 된다는 것이다.

이러한 모든 사실은 무엇을 의미하는가? 의심할 나위가 없이 일본에는 지금 군수공업이 그 성능을 상실치 않은 것이며, 군인들은 일시 귀향하였으나 이것은 도리어 농촌 청년에게 군사훈련을 지휘할 수 있는 기회로 이용되고 있는 것이며, 이리하여 그 군사적 잠세력(潛勢力)은 군벌의 건재와 함께 계속해서 발전하고 있다고 볼 수밖에 없는 것이다.

이로써 국제 정세의 변동 여하에 따라서는 헌법상 전쟁을 포기한 이 일본이 하루아침에 전 공장(全工場)은 무기를 생산하며, 그리고 이미 조직 훈련되어 있는 군대는 소집의 시간을 요할 뿐으로 곧장 미국의 대소전선(對蘇戰線)을 향하여 진발(進發)이 가능할 것이다.

아시아에서 미국의 대소 전선이 어디라는 것을 모를 사람이 누구인가? 여기서 우리는 일본 재무장은 미국의 대소전의 목적은 여하간에 실질에 있어서 일본의 대륙 침략을 재연시키는 것이요, 여기 유린될 자가 바로 3년 전에야 그 독아(毒牙)에서 벗어난 조선과 중국이라는 것을 단정함으로써 동양 내지 세계 평화에 대한 우리의 의구는 심각한 것이다.

미국은 일본을 점령국으로서가 아니라 군사적 맹방으로 대우하고 있다고 필자는 다른 기회에 지적한 바 있거니와, 미국의 대소(對蘇) 정책상 아시아에서의 견고한 방공(防空) 요새로서 또는 그 세계 지배적 견지에서 동양의 공장으로서의 이용 가치가 있다 하면 혹은 이것이 미국의 필요한 이익이 될는지는 모른다. 그러나 여기 의하여 명백히 희생되는 것이 동양 평화요, 대서양헌장과 카이로선언의, 그리고 포츠담선언의 보장을 받은 조선과 중국의 자립과 자존의 유린이라는 것을 강조하지 아니치 못한다.

따라서 미국을 포함한 세계 어느 나라보다도 일본을 잘 아는 우리로서는 그 신의와 도덕을 모르고 침략과 약탈을 알 뿐인 군국 일본의 표랑(豹狼)과 같은 영맹성(獰猛性)을 수백 연래의 쓰라린 체험을 통하여 역사적으로 설명할 수가 있다. 그러므로 우리로서는 오늘날 미국의 대일 재무장 정책이 인류의 공존공영과 세계 평화의 뒤쪽 길을 가는 정책이라는 것을 심심히 충고하는 것이다. 동시에 일본 민주화에 대한 미국의 칭찬이 다만 그 재무장을 합리화하려는 외교사령(外交辭令)인 줄은 알지마는 만약 정말로 미국이 일본의 민주화를 시인한다 하면 이야말로 그 외모(外貌)의 종순(從順)을 알고 내심의 영맹(獰猛)을 모름을 깨우치는 바이다. 진정한 의미로 일본민족이라는 것이 오늘날 세계 평화 재건에 과연 가치 있는 민족이냐 아니냐를 묻는다 하면 우리는 서슴치 않고 하등의 가치 없는 민족이라고 대답할 것이다. 우리는 이것을 역사적으로 설명할 수 있고 과학적으로 증명할 수가 있다.

2.

이 일본은 3년 전까지도 중국 대륙을 횡행하며 수백만 인명을 야만적으로 살육하였으며, 태평양 각 지역에 벌떼와 같이 흩어져서 죄 없는 여러 민족을 살육하였다.

그보다 앞서서 10년 전에는 만주를 침략하였고, 그보다 앞서서 20년 전에는 조선을 침략하여 주권을 약탈하였다. 좀 더 소급하면 러일전쟁이 있고 또 청일전쟁이 있다. 이들의 이러한 침략 행위는 더욱 소급하여 저 300년 전 우리가 겪은 임진왜란을 기억할 필요가 있는 것이다. 이 임진왜란이야말로 대륙 침략을 꿈꾸는 일본으로서 문화의 모국인 조선에 대한 반역적 침략이었거니와, 반세기 전의 청일전쟁도 러일전쟁도 그 뒤의 조선 재침략도 모두가 삼백 연래 대륙 침략을 위한 이 종족의 전통인 것이다. 그리하여 필경 만주를 침략하였고 드디어 중국본토를 침략하였던 것으로서 이것이 모두 300년 전 도요토미 히데요시(豊臣秀吉) 이래 왜구의, 남의 피를 마셔야만 하는 표랑(豹狼)의 근성이니 3년 전까지 동양의 평화를 교란한 역사상 누차의 전화(戰禍)와 그로 인한 모든 희생이 실로 임진왜란이 확대된 재판 삼판이요, 그 발전적 형태인 것이다.

여기서 우리는 이 임진왜란을 좀 더 분석할 필요가 있다. 이것은 일본 사람의 사필(史筆)에 의함으로써 더욱 분명할 것이다. 일본의 사가(史家) 도쿠토미 소호(德富蘇峰)*의 탄식에 의하면, 이 임진란은 "일본 국민의 성격을 적나라하게, 특히 일본 국민성의 일대 결함을 폭로한 것이다."라는 것이다. 그는 도요토미 히데요시의 조선 공략 행위를 일개의 과대망상광(誇大妄想狂)의 행위로 단정하고 자기도 자기 조선(祖先)을 이상적으로 그려 놓고 싶으나 이상적이 아닌 것을 이상적으로 만들 수 없었다고 하였다. 이것이 오늘날 일본 민족이 패전자로서 점령국 미국에 대하여 종순(從順)과 복죄(服罪)의 외식(外飾)적 태도와는 달리, 일본이 조선을 합병한 뒤에 쓰여진 『근세일본국민사』의 일절(一節)이라는 점에서 우리는 침략자 자신으로서의 비행(非行)의 자인(自認)을 알 수 있다.

그는 또 『근세일본국민사』 임진란편 제3권 서문에서 일본의 조선공략은 무명(無名)의 출사(出師)인 것을 논정(論定)하고, "조선에 향하여 중국에 대한 교통의 편의를 구하였다가 거절되었기 때문에 출사한 것이라 하면 무명의 출사는 아니라고 할 수도 있으나, 그러나 이것은 억지로 자국을 위하여 구실을 짓는 변호사의 작위요 역사가의 입장은 아니다."라고 하였다. 그러면서도 그는 다시 이 임진란은 일종의 민족적 본능의 충동이라는 것을 승인하였다. 이에 의하여 일본 국민은 크게 자극되었고, 청일전쟁, 러일

---

* **도쿠토미 소호(德富蘇峰, 1863-1957)** 일본의 메이지·쇼와 시기의 역사가이자 언론인. 초기의 저서에는 서양식의 자유 민주주의적 개혁이 일본에서도 이루어져야 한다고 주장했다. 그러나 3국간섭 등으로 인해 국제사회는 무엇보다 국가의 힘이 우선한다는 인식에 서게 되어, 이상론을 배척한 현실주의적인 정치론을 전개하게 된다. 이후 제국주의 일본을 지지하는 호전적 국가주의자로 활동했다. 언론계의 중진으로서 그 논의는 정계에도 큰 영향력을 미쳤다. 전후 A급 전범이 되었다.

전쟁(露日戰爭)도 이 임진란이 국민적 분투력을 항진(亢進)하는 영약(靈藥)이 되었다고 하였다. 이에 미루어 그 뒤의 조선 재침략과 합병, 만주 침략, 또는 중국 본토 침략도 한 역사가의 입장으로서는 그 교병(驕兵)이요 탐병(貪兵)인 것을 혹은 인정할는지 모르나, 동시에 이것이 모두 임진란이 국민적 분투력을 항진하는 영약이 되었다는 것을 역시 인정하였을 것이다.

여기서 우리는 다시 더 우리의 역사와 일본의 역사를 소급하여 신라, 백제 시대 이래 일본은 조선으로부터 문화를 받아 간 것을 기억할 필요가 있다.

함에도 불구하고 일본은 이 문화의 모국에게 무명의 탐병(貪兵)을 내었으며 7년간이나 병화(兵火)를 계속하는 동안 모든 살육을 자행하였다. 그리고 이로써 일청(日淸), 일로(日露) 전쟁을 결행하는 영약(靈藥)이 되었다 하며 이것을 민족적 본능의 충동이라 하는 것이다. 이 일본 족속의 이러한 민족적 본능이란 무엇인가? 우리가 이미 역사적으로 고찰한 야만적이며 탐학적(貪虐的)인 삼백 연래로 3년 전까지의 인방(隣邦) 침략의 행위인 것이다.

그뿐이 아니다. 이 일본 종족은 실로 덕력(德力)의 파산자인 것이다. 임진란 그것이 이미 문화의 모국인 조선에 대한 반역적 소위인 것을 지적하였거니와, 이에 대해서도 도쿠토미 소호는 임진란은 결국 일본으로서는 '무장 유학생을 해외에 파견하였던 것'이라 하였다. 함에도 불구하고 이들은 그 뒤에 서구 문화를 받아들여 현대식 군비를 갖추어 가지고 조선을 재침략하고서 조선 민족을 어떻게 학대하였는가?

2천 년밖에 못 되는 역사를 가지고 그 역사상 상징인 소위 아마테라스 오미카미(天照大神)를 5천 년 역사를 가진 이 나라 단군의 형이 된다 하였다. 모든 전통을 파괴하고 문화를 말살하고 도덕을 전복하고 드디어는 자기네 어학(語學)의 연원(淵源)을 이룬 이 나라 국어를 말살하고 마침내 말살은 성명(姓名)에까지 이르렀던 것이다. 조선은 물론, 만주를 가나, 중국 본토를 가나, 필리핀(比律賓)을 가나, 프랑스령 인도차이나(베트남, 라오스, 캄보디아)를 가나, 어디서나 먼저 그 민족의 고유한 민족성과 존엄을 말살하기 위하여 신사(神社)를 짓고 동명(洞名)과 도로명부터 명치정(明治町: 메이지 초) 소화통(昭和通: 쇼우와 토오리) 식으로 뜯어고친 것이었다.

3년 전 일본의 패망은 실로 그 무력적 패망인 동시에 덕력(德力)의 파산자로서 3백 연래 그 관영(貫盈)한 죄악에 말미암은 것이다. 만약 이 종족이 도덕적으로 재생하기 전에 그 무력부터가 재흥한다 하면 그는 또 그 영맹(獰猛)하기 표랑(豹狼)과 같은 '민족적 본능'을 발휘하여 인방(隣邦)을 침해할 것이 명약관화요, 이로써 동양 내지 세계 평화의 재건은 서기(庶幾)할 수 없는 것이다. 그런데 미국은 다시 그들에게 무력을 허(許)하려 한다.

3.

미국은 기회 있을 때마다 일본 민주화의 쾌속조(快速調)를 만족한 표정으로 칭찬하고 있다. 과연 이것은 참일까? 우리는 이것을 믿을 수 없는 것이다. 이미 지적한바 남의 피를 마셔야만 하는 3백 연래의 그 침략 근성을, 그 혈맥(血脈) 속에 계승하여 대대로 연면(連綿)한 왜구의 전통을 하루아침에 불식하고 3년 미만에 민주화할 수 있을 것인가? 이것을 믿는다 하면 명백히 비과학적인 것이다.

양의 껍질을 썼다고 하여도 이리는 이리다. 이것을 모를 미국이 아니다.

뿐만 아니라 도리어 미국은 이것을 잘 알기 때문에, 이 영맹(獰猛)한 이리의 후일(後日)의 이용 가치를 너무도 잘 알기 때문에, 여기에 민주화라는 양피(羊皮)를 씌워서 보호하며 재육성하는 것은 아닐까? 미국의 대일(對日) 정책을 이렇게 볼 수밖에 없는, 이렇게 보는 것이 정당한 관찰이라고 할 재료가 우리 앞에는 얼마든지 풍부하다.

제2차 세계대전에서 미국은 당면의 적 일본을 타도하기 위하여 소련과 연합군의 우의를 맺었다. 그러나 일찍 러시아의 남하와 그 태평양 진출을 막기 위하여 일본과 우의를 맺어 러시아를 타도하였던 영미(英美)가 이번에는 다시 일본을 타도하기 위하여 소련과 우의를 맺고 결국 그 남하를 승인하였다는 점에서 전쟁의 신은 실로 미소를 금하지 못할 것이다.

만약 진실된 의미로서 38선의 획정과 미소의 조선 분점이 단순한 일시적 군사협정이었다 하면, 이 얄타협정은 실로 미국으로서는 천려일실(千慮一失)이요, 소련으로서는 천재일우(千載一遇)임에 틀림없는 일이다. 이로써 소련으로서는 일찍 러일전쟁의 패배로 일단 실패에 돌아가기는 하였던 것이나, 그 소련 이전부터의 국책–슬라브민족의 생존권을 신장하기 위하여 태평양에 진출하려는 귀중한 지점으로서 역사적으로 타연(涎涎)의 적(的)인 조선반도의 북반(北半)을 점령할 수 있게 된 것이요, 미국으로서는 새삼스러이 소련의 이 진출을 방어하지 않을 수 없는 필요에 당면하게 된 것이다.

이래서 전쟁의 신은 얄타협정에 미소하는 것이다. 이 얄타협정에 의한 조선의 분점이야말로 또다시 전쟁을 반복할 원인을 지었다고 볼 수 있기 때문이다.

그런데 미국은 이 새로운 전쟁–장래할 대소전(對蘇戰)에서 다시금 일본을 이용하려 하고 있다. 미국이 일본을 점령한 후 그 천황제의 존속부터가 해괴한 일이거니와, 미국회 하원 군사위원 쇼트 씨가 일본을 방문하고 돌아가는 길에 제3차 세계대전에서 일본인은 미군복을 입을 것이라 발표하더니, 이제야 시간이 감에 따라 미국의 대일 정책은 그 군국주의를 재흥시키고 미소 간 냉정 전쟁의 백열화(白熱化)에 따라서 마침내 일본의 재군비(再軍備)도 그 성질을 명백히 하기에 이르렀다.

이것은 물론 미국으로서는 미국의 필요에 의한 것일 것이다. 그러나 일본의 필요와도 합치한다는 것을 우리는 간과하지 못하는 것이다. 일본은 어떻게든지 3년 전 패망의 구렁에서 다시 살아나려 한다. 이것은 오직 미국을 위하여 제3차 세계대전에서 그 영맹성(獰猛性)을 다하여 견충(犬忠)을 바침으로써 가능하리라고 그들은 믿는 것이다.

"일본은 미국에 대하여 선전(宣戰)한 책임이 있다. 배상도 지불하지 않으면 안 될 의무가 있다. 그러나 일본으로서는 배상을 지불할 물질적 능력이 없다. 물질적으로 능력이 없으나 우리는 배상의 의무는 있는 것이다. 우리는 피로써 배상할 것이다."라는 것은 우가키 가즈시게(宇垣一成)*의 미국에 대한 발언이라 하거니와, "피로써 배상한다."는 이 단 한마디 속에는 실로 미국의 대소전(對蘇戰)과 침략자 일본의 재흥과 조선·중국의 새로운 피해가 관련되어 있는 것이다.

일본이 미국을 위하여 피로써 배상하면 그 출혈에 대한 보급은 어디서 구할 것인가? 물을 것 없이 조선 민족과 중국 민족의 피를 마시는 것일 것

---

* 우가키 가즈시게(宇垣一成, 1869-1956) 조선총독부 총독(4대, 7대)을 지냄. 육군대학을 졸업하고 네 차례에 걸쳐 육군대신을 지냈다. 1927년 제4대 조선 총독으로 잠시 재직했고, 1931년 제7대 총독(1931-1936)에 재취임하여 황국신민화정책을 추진했다. 1938년 일본 외무대신을 지냈고, 전후 정계에서 추방당했으나 1953년 참의원 선거에서 최고득표로 당선되기도 했다.

이다. 여기 저 왜구가 다시금 현해탄을 건너서 조선과 중국에 권토중래하려는 야욕의 생동(生動)을 전율하지 아니치 못한다.

일본은 지금 이러한 야욕을 채우기 위하여 미국에 종순(從順)하는 것이다. 모든 외교관 출신들은 이면 외교에 분주하고 국민 각개가 미군 하나하나에 굴복을 표시하며 부녀는 정조를 바치고 군인은 피를 바칠 것을 맹세하는 것이다. 굴욕의 한계를 훨씬 넘어선 일본의 이러한 종순은 패전국민으로서의 열등감에서 나오는 것이 아니라 장차 재기하는 날 다시금 인방(隣邦)에 대하여 오만과 탐학과 횡포를 자행할 수 있을 것에 의하여 현재 자위를 받고 있는 소위(所爲)라는 것을 깨달을 때에 만약 이러한 종순만으로써 민주화의 예증이 된다 하면 이에 더 지나치는 우론(愚論)은 있을 수 없을 것이다.

일본에서 소위 민주주의 원로라는 오자키 유키오(尾崎行雄)의 조선에 대한 영토적 야심을 버리지 못한 발언, 현 수상(現首相) 요시다(蘆田)*가 외상(外相) 시절에 쿠릴열도(千島列島) 재요구를 성명한 사실 등은 일본이 아무리 민주화라는 양의 껍질을 쓰고는 있으나 이리의 발톱을 감추지 못하는 것이요, 재일 조선인에 대한 압박 · 조선어교육 금지 · 중국인 모욕 등은 그가 다만 미군복을 얻어 입기 위하여 미국 일국에 한한 종순일 뿐으로서 이 만족(蠻族)은 아직 도덕적으로 재생하지 못한 것을 증명하는 것이다.

---

* **요시다(蘆田, 1887-1959)** 일본의 외교관, 정치인. 아시다 히토시(芦田均)를 지칭한다. 중의원 의원 (11기), 후생장관(14대), 외무장관(76-77대), 부총리, 총리(47대)를 역임했다.

4.

자위적 입장에서 국교(國交)라는 것은 그 은수(恩讐)가 응변(應變)하는 것이다. 어제 원수가 오늘은 동맹자도 되고, 어제 동맹자가 오늘의 원수도 되는 것이다. 그래서 영미(英美)는 일찍 일본을 도와서, 러시아(露西亞)를 쳤고, 다시 러시아와 연합하여 일본을 쳤고, 이제 다시 소련을 적으로 삼기 위하여는 일본을 군사적 맹방으로 대우하게 되는 것이다. 아시아에서 대소전(對蘇戰)의 일익을 담당할 자로서 일본을 택하는 데는 어떤 이유가 있는가? 여기는 다음의 몇 가지를 생각할 수 있다.

1. 일본은 과거 러일전쟁(露日戰爭)의 승리자로서의 긍지를 가진 것.

2. 그 국민은 지금까지 철저한 반공교육을 받아 온 것.

3. 이번 패전에서 소련의 무신(無信)에 대한 원한이 큰 것.

등이다. 사실 일본은 지금 연합국의 일원인 소련에 대하여 감히 공언하지는 못하지마는 이번 패전에서 최후까지 소련을 믿었던 어리석음에 후회도 크거니와 그만큼 원한도 큰 바가 있다. 더구나 이 소련에 대하여는 전쟁 지도자의 지도 방침 여하에 따라서는 일본 자신이 공격에 나아갔을 뻔하였던 그만큼 장구한 기간을 두고 언제나 소련과는 일전을 겨룰 각오의 태세하에 있었던 것이다. 그런데 소련과는 한 번 싸워 보지도 못하고 패전과 항복의 굴욕을 당하였다. 미국으로서는 이 일본의 심리 상태와 원한을 이용해야 할 형편에 있으니 즉,

4. 반소(反蘇)적인 일본은 미국 단독 점령하에 있으며,

5. 미국으로서는 이미 대소전(對蘇戰)의 동맹군이 필요하며,

6. 일본에는 육해공을 걸쳐서 강력히 훈련된 인적 자원이 있다.

뿐만 아니라 일본은 어떻게든지 다시 도국(島國)의 유폐(幽閉)생활에서 해양에 나가야 하고 대륙에 진출해야만 살 수 있다고 생각하는 것이다. 그런데 지금 그 방법은 오직 미군복을 입는 방법이 있을 뿐이다. 이 점에 대하여 미국의 계산상으로 볼 때에

7. 일본의 실전의 경험과 그 영맹성(獰猛性)은 높이 평가할 만한 것이다. 더구나,

8. 일본의 현공업-특히 군수공업은 보급전선의 단축에 유효할 것이요,

9. 이것이 소생하는 데서만 일본은 다시 부흥할 수 있다고 생각하는 것이다.

이상의 모든 조건은 미국으로서 볼 때에 조선, 중국과는 비교도 되지 않는 일본의 우수한 조건인 것이다. 엄숙한 의미에서 중국은 그 광대한 지역에 걸쳐 상품 시장으로서, 조선은 대소 전선을 전개할 교두보로서 다 각기 취할 점이 있으나, 보급할 무기를 생산하고, 전투에 참가할 훈련받은 인적 자원과 그 영맹한 전투욕과 소련에 대한 원한은 조선과 중국에서 구할 수 없는 조건인 것이다. 그리고 이 조건이 바로 오늘 일본이 미국의 원조하에 경제적으로 부흥되고 군사적으로 재무장되는 조건인 것이다.

그러나 이러한 일본의 재무장을 다른 각도에서 다시 한번 생각해 볼 여지는 없는가? 우리는 일찍 영국이 소련을 견제하기 위하여 히틀러 독일의 군비(軍備)를 용인하였던 것을 기억하는 것이다. 그때 영국의 계산으로서는 군국(軍國) 독일을 육성함으로써 소련을 한 번 깨물게 하려던 것이거니와, 이 길러 낸 강아지에 영국이 먼저 물렸던 것이다. 그뿐 아니라 이 영국 정책에 아무 관련도 없던 동서구(東西歐) 각 민족에 걸쳐 얼마나 많은 인명이 살육되고 문화가 파괴되는 제2차 세계대전의 참화를 초래하였던가를

기억하는 것이다.

물론 지금 당장에 일본이 재군비(再軍備)를 허하는 미국의 발뒤꿈치를 깨물지는 못할 것이다. 이 점에서는 미국이 계산하는 바와 같이 그 영맹한 일본의 전투력은 극동 지구의 소련 영역에서 발휘될 것으로 보아도 무방할 것이다. 그러나 이로써 그칠 것인가? 그보다도 우선 소련 영역에 이르러 전투하기까지에 그 중간에서 조선과 중국이 또 한 번 그 독아(毒牙)에 물려야 하는 참화는 어떤 논리로써 합리화할 수 있을 것인가? 그리고 장래에 있어서도 태평양 지역의 미국 지위는 영구한 안전을 무엇으로 확실히 보장할 수 있을 것인가? 일본은 덕력(德力)의 파산자인 것을 다시 한번 상기할 필요가 있으며, 현재 미국에 대한 종순도 그것이 재기를 위한 와신상담인 것을 또 한 번 강조하는 바이다.

조선은 결코 일본의 진정한 민주적이며 평화적인 부흥을 방해할 의도는 없는 것이다. 좋거나 싫거나 일본은 우리의 인방(隣邦)이며 역사상 끊을 수 없는 유대에 묶여 있다. 그래서 우리는 차라리 일본의 민주적이며 평화적인 부흥을 진정으로 중국과 함께 동양 삼국의 공존공영을 위하여 기다리려는 것이다. 우리는 결코 3백 연래 일본으로부터 받은 무력적인 침략을 장차 무력적으로 보복할 의도도 없으며, 다만 일본이 진정한 민주적이며 평화적인 덕력의 나라로 부흥한다 하면 그로써 동양 내지 세계 평화를 위하여 만족할 것이다. 그러나 일본은 아직 그러한 민주적이며 평화적인 부흥은커녕 과거의 죄악을 참회하지도 않고 있다. 그런데 점령군의 책임으로써 완전 무장해제에 의하여 그 독아를 잘라 버려야 할 것임에 불구하고, 포츠담선언과는 반대로 도리어 이것이 보호되며 육성되는 것은 인류 평화의 협위(脅威)라는 것을 지적하는 바이다.

찾아보기

[용어]

동전 오기영 전집 3권

자유조국을 위하여

등록 1994.7.1 제1-1071
1쇄 발행 2019년 5월 18일

지은이 오기영
펴낸이 박길수
편집장 소경희
편 집 조영준
관 리 위현정
디자인 이주향
펴낸곳 도서출판 모시는사람들
        03147 서울시 종로구 삼일대로 457(경운동 수운회관) 1207호
전 화 02-735-7173, 02-737-7173 / 팩스 02-730-7173
홈페이지 http://www.mosinsaram.com/
ⓒ오경애, 2019

인 쇄 천일문화사(031-955-8100)
배 본 문화유통북스(031-937-6100)

값은 뒤표지에 있습니다.
ISBN 979-11-88765-43-0   04080
세트   979-11-88765-40-9   04080

이 도서의 국립중앙도서관 출판예정도서목록(CIP)은 서지정보유통지원시스
템 홈페이지(http://seoji.nl.go.kr)와 국가자료공동목록시스템(http://www.
nl.go.kr/kolisnet)에서 이용하실 수 있습니다. (CIP제어번호:CIP2019015476)